Las 7 claves para pasar de cero a CEO

Las 7 claves para pasar de cero a CEO

Francisco Sánchez

Prólogo de Fernando Botella
Epílogo de Xavier Marcet

Plataforma
Editorial

Primera edición en esta colección: mayo de 2025

© Francisco Sánchez, 2025
© del prólogo, Fernando Botella, 2025
© del epílogo, Xavier Marcet, 2025
© de la presente edición: Plataforma Editorial, 2025

Plataforma Editorial
c/ Muntaner, 269, entlo. 1.ª – 08021 Barcelona
Tel.: (+34) 93 494 79 99
www.plataformaeditorial.com
info@plataformaeditorial.com

Depósito legal: B 7292-2025
ISBN: 979-13-87568-52-8
IBIC: KJ

Printed in Spain – Impreso en España

Diseño de cubierta:
Pilar Eme

Realización de cubierta:
Grafime S. L.

Fotocomposición:
gama, sl

El papel que se ha utilizado para imprimir este libro proviene
de explotaciones forestales controladas, donde se respetan
los valores ecológicos y sociales, y el desarrollo sostenible del bosque.

Impresión:
Sagrafic

क्लाउडिया च अलेजान्ड्रो

Por vosotros, cuyos nombres llevo escritos sobre mi piel.
Con la esperanza de que mi ejemplo os pueda servir
de inspiración para vivir vuestra vida al máximo.

Índice

Prólogo

El número 7, en la «ciencia» de la numerología, tiene un significado único: equilibrio. Entendiendo este concepto como la búsqueda del estado puro de la realidad, lo esencial. También, el número 7 simboliza el concepto de totalidad, como la búsqueda de la máxima extensión de algo y su mejora continua, de la excelencia. Quizá por esto el autor, mi admirado Francisco Sánchez, ha elegido este número para, a lo largo y ancho de este libro, expresar conceptos de alto valor, experiencias propias, habilidades, preguntas poderosas, herramientas eficaces...

También siete novias estuvieron disponibles para los siete hermanos, siete maravillas dicen que tiene la Tierra que habitamos. Siete son las notas musicales. Siete colores los del arco iris. La religión islámica sostiene siete estadios, siete son los sacramentos de la religión católica y también son siete los dones del Espíritu Santo. Siete son las colinas de Roma, con sus siete reyes. Siete vidas tiene un gato. Y siete son los pecados capitales, como las siete artes. Siete son las peticiones que tiene un padrenuestro y los días de una semana. Y siete es el número que recorre casi todos los capítulos en *Las 7 claves para pasar de cero a CEO.* En efecto, el número siete es un número muy recurrente en la cultura de los pueblos, en la astrología, en lo divino y en lo humano... y, ahora, desde que podemos disfrutar la sabiduría que ha compartido Francisco en este libro, también en el mundo del *management.*

Este es un libro sencillo, y a su vez directo, como todo lo que aporta un valor instantáneo; nada más leerlo se aprende, con cada página, en cada reflexión o experiencia compartida. Es un libro escrito con la mente y con el corazón a partes iguales, pensando en cada momento en el lector, y en cómo este puede sacar el mayor número de aprendizajes tras su lectura. Aprendizajes que nacen de las vivencias reales, en primera persona, de su autor, un valiente, persona coherente, que cambió su vida para alcanzar un sueño. *Las 7 claves para pasar de cero a CEO* no es más que la línea de partida de una vida profesional a la que le queda tanto por recorrer, propósitos que alcanzar. Los que conocemos bien a Francisco lo sabemos.

El lector tiene entre sus manos un libro que habla de cómo aprender a dar un salto de calidad en el difícil arte de la dirección de empresas, en el manejo de los equipos, en el artificio de la gestión. Un libro que nos enseña, a lo largo de sus páginas, a pasar de la nada a mucho, a conseguir sentir el éxito en lo cotidiano y aprender a vivir en él, que nos conecta con el sentido de avance, de mejora, de futuro, que nos da lecciones de estrategia y, a su vez, de pasión, de liderazgo, de creatividad disruptiva y... de emociones. Un libro que calificaría, desde la humildad, con el adjetivo «total», y es que lo tiene casi todo, al menos lo más importante. Sinceramente, al leer *Las 7 claves para pasar de cero a CEO* concctć con su autor y pensé que había escrito este fantástico manual con un doble objetivo: mejorar los conocimientos de todos aquellos que están en un momento de crecimiento profesional en el mundo de las empresas y también mejorar el mundo en sí mismo. Un doble propósito que le honra.

Una motivación de compartir por compartir, sin más, de forma sincera y transparente, para ayudar a muchos *managers* y directivos a dejar de jugar al juego, nada elegido, de «la gallinita ciega» y orientarlos para que puedan quitarse el antifaz y ver la luz, tanto en el horizonte actual, en el presente, como en el futuro.

Conozco a Francisco Sánchez desde hace muchos años, desde que trabajaba en el área de investigación y desarrollo de una empresa de gestión local, con marca de reconocimiento internacional. Francisco es una persona de mente curiosa, hábil a la hora de aprender. Solucionador. Alumno distinguido. Formador por convicción. Responsable. Mental y espiritualmente joven. Sencillo. Desafiante. Una persona con unos valores genuinos, sabio, hacedor, entregado, coherente, generoso, guía y brújula de otros, líder, voluntarioso, soñador y visionario, bondadoso, entregado al poner todos sus conocimientos al servicio de los demás, jugador y entrenador al unísono, transformador de personas, de equipos y de organizaciones, al que le gusta servir, construir y dar sentido a proyectos que persiguen el éxito.

Es Francisco un autor, una persona, un directivo, un padre, que ama lo que hace. Con este manuscrito nos comparte aprendizajes vividos en sus últimos años como CEO de una gran multinacional, el Grupo Cherubini, del que ahora es consejero delegado. Aprender de él, a través de este libro, es todo un lujo que ahora está en tu mano. ¡Aprovéchalo! Sácale todo el partido. Para ello, si eres un directivo o estás en el camino de serlo, incluso aunque empieces de «cero», te recomiendo que este libro lo conviertas en una guía para ti.

Entre muchos otros, Julian Birkinshaw, profesor de la London Business School, nos habla de la necesidad de reinventar el *management*, fundamentalmente porque, en su opinión, el modelo tradicional de liderazgo y de gestión ha muerto, han perdido la eficacia que tenía en un pasado cercano. Mi conocimiento y mi experiencia también me dicen que es así. Tenemos que estar preparados profesionalmente para enfrentarnos a esta nueva era.

Nos encontramos con nuevos modelos y formas de enfrentarnos a lo cotidiano de un negocio, con nuevos modos de comportamiento de los mercados y con un nuevo modelo de gestión de las personas, de los equipos, de liderazgo organizacional, con un nuevo sistema de descubrimiento de oportunidades, de acceso a los mercados, de dirigir la estrategia de un plan de negocio, de reaprender cómo debemos tomar decisiones en un proyecto, en definitiva, es nuevo el modo de hacer que algo que parte de una idea, de una intención, se convierta en un hecho.

De todo esto, Francisco Sánchez es un experto, y así nos lo hace saber en este libro. Me atrevo a recomendarte que estés muy atento a sus lecciones y que, si así lo consideras, tomes buena nota de lo que en él se nos enseña, porque te ayudará, sin duda, en este actual cambio de época; el más complejo, acelerado y desconcertante conocido en toda la historia de la humanidad.

La palabra *crisis* está en boca de todos de forma continua. La utilizamos para referirnos al sistema sanitario, al mundo de la cultura, a los valores, al mundo económico, al social, al político... y, como no, al de la gestión empresarial.

Por ello, precisamente, tenemos que aprender a aprender, a vivir con mente de aprendiz continuo, a cuestionarnos la realidad, a practicar la curiosidad, a capacitarnos en cómo debemos disrumpir.

Francisco y algunos de sus invitados que comparten experiencias en el capítulo «BONUS CEOx» nos regalan ideas muy válidas, a tener en cuenta en este cóctel de complejidad social y empresarial, dándonos ejemplos de vidas y experiencias profesionales que nos servirán como bastón en el que apoyarnos para atraer a nuestra función directiva la reflexión y el aprendizaje necesarios. Un capítulo para tener muy en cuenta, de lectura obligada. El autor va mucho más allá, y no solo pone de manifiesto esta convulsión social actual, disfuncional y obsolescente en el mundo de las empresas, sino que nos crea un manual muy estructurado sobre cómo enfocarnos en la consecución de objetivos profesionales de un directivo, de un líder, y hacerlo de una manera sostenible.

Las múltiples herramientas y ejercicios que nos comparte Francisco pasan por una suma enorme y altamente valiosa de invitaciones: mostrar curiosidad, aprender a preguntar, ser competitivo y lo que verdaderamente significa aprender del error, la perseverancia, cómo enfrentarse a las malas noticias, el control de los resultados, la gestión de un proyecto y sus decisiones, el uso de recursos, las conversaciones con personas en el ámbito del trabajo y un largo etcétera...

Todas las personas experimentamos en la vida, y quizá varias veces a lo largo de ella, el descubrimiento de momentos adecuados en los que sentimos que debemos hacer algo diferente, en los que nos sentimos ya maduros para el cambio y preparados para ello. Es el caso de Francisco Sánchez, que actualmente está viviendo el camino, nuevo para él, de presentarse como un consultor experto en *management*, en gestión empresarial y en procesos de decisión estratégica. Con total seguridad, muy pronto, será un reconocido consultor en estas «artes». Con este libro ya nos adelanta lo que será, sin duda, su futuro profesional, que le augura un gran éxito.

Llegados aquí solo me queda felicitar a Francisco por el resultado de este trabajo que ahora el lector tiene en su mano. Y agradecerle la confianza al invitarme a escribir este prólogo.

Fernando Botella
CEO de Think&Action

Introducción

Convertirse en CEO es una aventura emocionante y compleja. Desde construir una visión hasta liderar equipos y tomar decisiones estratégicas, el camino desde cero hasta el liderazgo es gratificante, pero requiere dedicación y enfoque. En este libro te presento, con base en mi experiencia, las siete claves fundamentales para transformar esa ambición en una realidad inspiradora.

Quiero compartir contigo, querido lector, reflexiones, consejos, aprendizajes y herramientas que te ayuden a pasar de #deceroaceo. Y es que, durante mucho tiempo, he buscado un manual, un libro, que me ayude a afrontar con éxito cada momento de mi carrera profesional. Pero, al final, me he dado cuenta de que no existe tal manual, de que no existen mapas... que cada persona tiene la oportunidad y la responsabilidad de construir y escribir su propia historia. La oportunidad, y me atrevería a decir la obligación, de luchar por convertirse en la mejor versión de sí mismo y contribuir con su influencia a que el entorno social y, por ende, el mundo sean un lugar mejor. Un lugar mejor porque tú has «existido» y has «creado». Y esta reflexión se relaciona con el concepto de legado, que debería ser una prioridad en la hoja de ruta de cualquier directivo.

El primer paso es establecer una visión sólida para ti mismo. Define claramente tus objetivos a largo plazo y cómo planeas tener un impacto en tu sector. Una visión sólida será la brújula que guiará tus decisiones y acciones a medida que avances hacia tu objetivo de convertirte en CEO.

Los líderes nunca dejan de aprender. Invierte tiempo en tu desarrollo personal, adquiriendo nuevas habilidades y conocimientos. Lee libros, asiste a conferencias y busca mentores que te ayuden a crecer como líder y como individuo. Las relaciones son la moneda de cambio en el mundo empresarial. Construir una red sólida de colegas, mentores y socios comerciales te brinda la oportunidad de aprender de otros, obtener perspectivas diversas y recibir apoyo en momentos clave de tu carrera.

Además, la comunicación efectiva es fundamental para el éxito de un CEO. Refina tus habilidades de comunicación verbal y escrita. Aprende a escuchar activamente, a expresar tus ideas de manera clara y persuasiva y a comunicarte con empatía y respeto.

El CEO debe ser un pensador estratégico. Desarrolla la habilidad de analizar datos, identificar tendencias y anticipar oportunidades y desafíos. Practica la toma de decisiones con base en datos y considera las implicaciones que esas decisiones pueden tener a largo plazo.

Como verás, el camino hacia la posición de CEO está lleno de obstáculos y momentos complicados. Desarrolla la resiliencia emocional para enfrentar las adversidades con fortaleza. Practica técnicas de manejo del estrés, mantén una mentalidad positiva y aprende a recuperarte rápidamente de los contratiempos.

Un CEO exitoso no solo lidera, sino que inspira. Cultiva tus habilidades de liderazgo, empoderando a tu equipo para alcanzar su máximo potencial. Fomenta un ambiente de colaboración, comunicación abierta y respeto mutuo, y apoya el desarrollo de tus empleados.

En resumen, el camino desde cero hasta CEO es emocionante y desafiante. Con una visión clara, aprendizaje constante, relaciones sólidas y habilidades de liderazgo puedes transformar tu ambición en una carrera exitosa como CEO. La combinación de habilidades personales, conocimientos de negocios y ética sólida te preparará para liderar con éxito en un mundo empresarial en constante cambio.

Esta es la historia de un niño de pueblo, en concreto, de uno llamado Sax, provincia de Alicante. Mi pueblo natal. Un pueblo que llevo en el corazón y a donde vuelvo cada vez que tengo la oportunidad para visitar a mi familia y amigos. Un niño de pueblo quizás inconformista y al que le gusta complicarse la vida, asumir retos. Un niño que tuvo la oportunidad, gracias al esfuerzo de sus padres, de ir a la universidad y estudiar Ingeniería; que tuvo la suerte de empezar a trabajar con tan solo veintiún años y de enfrentarse a la realidad de la industria local con sus retos, cultura y oportunidades.

En esta primera etapa, entendí que todo lo que había estudiado hasta aquel momento era solo un entrenamiento para poder jugar el partido, pero lo que pasaba en el campo de juego era otra cosa completamente distinta. Un lugar donde entiendes que las habilidades relacionales tienen más peso que las habilidades técnicas. Y es, precisamente, esa necesidad de respuestas la que me ha llevado a seguir buscando retos y nuevos proyectos en distintas empresas y, finalmente, a tomar la decisión de vivir en el extranjero y afrontar un proyecto internacional junto a mi familia.

El filósofo danés Søren Kierkegaard decía que: «Cuando un hombre toma una decisión importante, empieza a relacionarse con su existencia». Mi consejo es que si tienes la oportunidad, vayas a vivir a un lugar nuevo y afrontes situaciones difíciles que muevan tus cimientos y te permitan experimentar nuevas experiencias en entornos culturales diversos.

Otro factor importante para considerar es que es fundamental encontrar un propósito. Tu trabajo y tu desarrollo debe tener un sentido, un punto final. Un porqué. No tener un plan significa dejar que nuestra vida sea un accidente. Se necesita un propósito que transcienda lo elemental. Que no solo sirva para ti, sino que permita crear riqueza en tu entorno a través de tu trabajo y de tu empresa, y que ayude a mejorar la sociedad. Es necesario entender la empresa como un actor social fundamental, no como el lugar donde se va a pasar el tiempo. Hay que concentrarse en ser productivo, no en estar ocupado. Nuestra agenda tiene que estar llena de objetivos y no de reuniones.

Yo me considero un aprendiz constante y un profesional «artesano». Cada empresa tiene su propia identidad y valores intrínsecos, solo con las personas y herramientas adecuadas se pueden generar realidades distintas. Transformar los modelos de negocio existentes de modo que permitan a la empresa adaptarse al cambio constante en el que estamos sumidos y facilitar actuar continuamente con un pensamiento de *start-up* para analizar cada oportunidad, mercado o cliente.

Las empresas y sus equipos deben plantear y hacer valer su estrategia en sus mercados actuales y frente a sus competidores, actuando sobre un modelo de negocio consolidado en el tiempo y conocido. Los modelos de gestión tradicionales, que han sobrevivido estoicamente durante tres o cuatro décadas, no sirven para enfrentarse a «dos mocosos» que desde un garaje y con apenas un presupuesto generan nuevos negocios de dimensiones impensables... y menos para responder a los restos de la digitalización, que requieren un completo cambio de pensamiento.

Mi pasión es acompañar a las empresas y a sus equipos en procesos de transformación innovativos, liderando la ejecución estratégica y creando nuevas culturas como evolución del proceso de cambio. Tras treinta años de experiencia en distintas empresas y países, he forjado un modo personal de liderar la transformación interna de las organizaciones a través de la ejecución estratégica y la innovación.

La oportunidad de conocer otras culturas y el paso por diversas realidades empresariales me ha permitido experimentar el mundo de los negocios desde dentro, al lado de las personas involucradas, escuchando a los clientes y consiguiendo forjar una visión retadora a 360º de la empresa. Y con estos principios, construir la estrategia de transformación organizativa y de negocio.

En las siguientes páginas, encontrarás siete claves desarrolladas en siete conceptos, lo que he llamado el modelo 7 × 7, que —en mi humilde opinión— te pueden ayudar a pasar #deceroaceo. Estas claves te pueden ayudar a establecer tú propósito, atreverte a asumir riesgos, mejorar tu liderazgo y la comprensión del nuevo entorno de los negocios y de las empresas en este nuevo siglo.

- Los 7 errores que todo CEO debe evitar.
- Las 7 habilidades que todo CEO debe dominar.
- Los 7 pasos para construir una estrategia de éxito.
- Las 7 preguntas poderosas que el CEO debe usar con su equipo.
- Las 7 cualidades fundamentales para ser CEO.
- Las 7 herramientas que todo CEO debe conocer y aplicar.
- Los 7 pasos finales para llegar a ser CEO.

En efecto, claves y herramientas, algunas de cosecha propia, que me han permitido pasar de ser un niño de pueblo a dirigir una compañía internacional con sede en Lombardía, en el norte de Italia, y vivir una experiencia única con mi familia a la orilla del lago de Garda.

Recuerda que para llegar a la cima deberás pasar por momentos de soledad y mucha tensión. Todos esperan que tengas la respuesta adecuada y sepas en cada momento lo que hay que hacer. Sobre todo cuando llegan los problemas. Y, para afrontar estas situaciones, es muy importante desarrollar la mentalidad adecuada. Porque nadie te prepara para ser CEO. Pero dentro de la organización, tú eres el responsable de hacer que las cosas sucedan. Y especialmente de poner el futuro en la agenda del presente. Por lo tanto, te invito a leer estas páginas como si escucharas los consejos y aprendizajes de un amigo al que aprecias, un mentor, y que te permitas juzgar positivamente el texto para integrar en tu estrategia solo lo que consideres válido para alcanzar tu propósito y que compartas conmigo tus reflexiones e integraciones para aprender juntos.

Es por este motivo que te espero al otro lado, en la web de deceroaceo.net para conocer tus comentarios y profundizar en las reflexiones juntos.

FRANCISCO SÁNCHEZ
CEO

1.
Los 7 errores que todo CEO debe evitar

«Siempre es útil aprender de los errores,
porque entonces los errores se vuelven valiosos».

GARRY MARSHALL

Si como CEO te falta información, sobre todo información relacionada con las malas noticias; si estás perdido en
el día a día, dejas aparcados los problemas relacionados con
las personas porque son difíciles e incómodos de afrontar;
si tienes dificultades para tomar decisiones porque estás lejos de la acción donde ocurren las cosas y, a todo ello, se le
suma una incapacidad para entender los resultados financieros de tu negocio; si te encuentras en esta situación, aunque no te des cuenta, el final de tu compañía puede estar
cerca.

Los medios están llenos de historias sobre directores ejecutivos de gran éxito. Sin embargo, ellos son la excepción
y no la norma. Una gran cantidad de directores ejecutivos y
ejecutivos sénior tienen carreras menos que estelares, y un

número alarmante fueron fracasos rotundos. En consecuencia, la pregunta permanece: ¿cuáles fueron las causas de estos fracasos y descarrilamientos?

Cuando decidí ir a trabajar a Italia a una empresa local, las primeras preguntas que me surgieron fueron: ¿cuál será su cultura? ¿Cómo será la gente del norte de Italia? ¿Seré capaz de hacerme aceptar en una cultura diversa?

Para acelerar esta integración, responder mejor a las expectativas que la empresa había puesto en mi persona y crear relaciones con otros mánager italianos, decidí inscribirme para entrar en un programa de formación en la prestigiosa *business school* italiana SDA Bocconi. El programa elegido se llamaba: «Direzione Generale e successo dell'impresa» que, traducido al español, sería «Dirección General para el éxito empresarial».

Era el invierno de 2019, había cumplido dos años en la nueva organización y todavía no había celebrado ni siquiera mi primer aniversario como director general del grupo. Tuve la suerte de ser admitido. Me encontré el primer día en un aula de una escuela de negocios italiana, con otros treinta colegas. Yo era el único español, y la verdad es que fue una experiencia increíble. Poder participar en ese programa, muy concreto y centrado en la estrategia, el liderazgo y los resultados empresariales, me ayudó a conocer la idiosincrasia de los negocios en Italia, a identificar a los grandes actores del panorama económico italiano y a interesarme por grandes figuras del mundo de los negocios como Adriano Olivetti, Leonardo del Vecchio o Michele Ferrero.

Además, conocí a grandes profesionales que se convirtieron en grandes amigos, y que me han ayudado en estos últimos años. Sobre todo cuando, en febrero de 2020, se desató la pandemia de COVID-19 e Italia fue el primer país europeo en sufrir un *lockdown* completo. Tener referentes de distintas industrias italianas como *food & beverage*, tecnología, moda o servicios fue de gran ayuda para contrastar opiniones y decisiones frente al «cisne negro» que nos acechó en aquella época.

Pero el gran aprendizaje que me llevé de aquel paso por las aulas de la mejor escuela de negocios de Italia, y gracias a las explicaciones de un gran profesor como Paolo Russo, fue identificar cuáles son los errores que evitar cuando se asume una función de responsabilidad como CEO de una compañía.

Aquí os traigo el fruto de aquellos aprendizajes junto con mi propia experiencia, resumidos en 7 errores que cualquier CEO debería evitar.

1. Problemas con las personas

En el ámbito empresarial, la gestión de personas es uno de los elementos más críticos para el éxito de una organización. El CEO debe reconocer que la capacidad de la organización para lograr sus objetivos depende en gran medida de las personas que la conforman. La tarea de encontrar, elegir y ubicar a las personas adecuadas en los puestos adecuados no es solo un proceso operativo, sino una estrategia esencial para el crecimiento y la innovación. La evolución organizativa es primordial para mantener la relevancia en un entorno empresarial en constante cambio. Para lograr esto, las personas deben estar alineadas con la visión y la misión de la empresa. La coherencia entre los valores y la cultura de la organización y las personas que trabajan en ella garantiza un progreso sólido y sostenible hacia los objetivos establecidos.

En este sentido, la meritocracia es un principio fundamental en la gestión de personas. Reconocer y recompensar el rendimiento basado en el mérito fomenta una cultura de excelencia y motivación. La evaluación continua del desempeño permite identificar a los miembros del equipo que contribuyen de manera significativa y aportan valor real a la empresa. En consecuencia, los problemas que surgen en los equipos deben ser abordados con prontitud, porque la inacción puede conducir a un deterioro en el desempeño y la moral del equipo. Es crucial que los líderes estén comprometidos tanto con el éxito de la organización como con el bienestar de sus empleados. Esto no se trata solo de dirigir la empresa, sino de estar verdaderamente interesados en el crecimiento y desarrollo de las personas. Es por esta razón por la que las críticas, tanto positivas como constructivas, son esenciales para el crecimiento personal y profesional de los empleados. Además, las sugerencias centradas en orientar hacia el futuro permiten que las personas identifiquen áreas de mejora y establezcan metas concretas para el desarrollo continuo.

El lema: «¡La gente primero, la estrategia después!» refleja la idea de que el enfoque inicial debe ser el cuidado y el desarrollo de las personas. Cuando los empleados están satisfechos, motivados y comprometidos, están en una mejor posición para contribuir al éxito de la estrategia de la empresa.

La gestión del talento no es solo una tarea opcional, sino una necesidad. Dejar de intervenir en este aspecto o ignorarlo puede tener consecuencias negativas en el rendimiento y la innovación de la organización. La gestión del talento se basa en la premisa de que las personas son uno de los activos más valiosos de una empresa y, por lo tanto, deben ser nutridas y desarrolladas.

La gestión de personas no es solo un aspecto de los recursos humanos, sino un elemento estratégico que determina el rumbo y el éxito de una organización. Los líderes deben adoptar un enfoque proactivo y comprometido con el desarrollo de su equipo, fomentando una cultura de excelencia, innovación y crecimiento personal. Al hacerlo, podrán convertir la gestión de personas en una ventaja competitiva significativa.

2. Bloqueo en las decisiones

El bloqueo en las decisiones es un obstáculo que puede afectar drásticamente a la ejecución y el cumplimiento de los objetivos de una organización. A menudo, las decisiones no implementadas pueden ser más perjudiciales que la indecisión inicial. El adagio de Benjamín Rosen, presidente de Compaq, encapsula la idea de que una estrategia sólida puede quedar obsoleta si no se ejecuta de manera efectiva. Del mismo modo, una estrategia brillante en papel carece de valor si no se lleva a cabo de manera eficiente y eficaz. El éxito de una empresa no se basa únicamente en la calidad de las ideas, sino en la capacidad de convertirlas en acciones concretas. La ejecución exitosa requiere no solo tomar decisiones, sino también implementarlas de manera oportuna y coherente.

En un entorno empresarial en constante evolución, el cambio es una constante. Los mercados, las tecnologías y las demandas de los clientes cambian rápidamente, lo que significa que las decisiones y las estrategias deben adaptarse continuamente. La indecisión o el bloqueo en las decisiones pueden generar retrasos significativos y dificultar la capacidad de la organización para mantenerse a la vanguardia.

El compromiso es fundamental para una ejecución exitosa. Los líderes y equipos deben estar comprometidos con la implementación de decisiones y acciones. Cumplir con los compromisos adquiridos es un indicador crítico de la confiabilidad y la integridad de la organización. Por el contrario, no cumplir con los compromisos no solo afecta la reputación de la empresa, sino que también puede generar desconfianza entre los empleados, socios y clientes.

En la actualidad, la velocidad del cambio es un desafío ineludible. Las organizaciones deben ser ágiles y estar dispuestas a ajustar su enfoque en función de las circunstancias cambiantes. La indecisión y el bloqueo en las decisiones pueden ralentizar la respuesta de la empresa a las oportunidades y amenazas emergentes, lo que potencialmente da ventaja a la competencia.

Tomar acción es esencial para lograr resultados. La ejecución implica implementar decisiones, medir su impacto y hacer ajustes si es necesario. La falta de acción puede conducir a la inmovilidad y, en última instancia, al estancamiento. En un entorno competitivo, la inacción puede llevar a una pérdida de oportunidades valiosas.

Superar el bloqueo en las decisiones requiere un enfoque proactivo y una mentalidad de acción. Esto implica evaluar las opciones disponibles, tomar decisiones informadas y comprometerse con su implementación. Los líderes deben fomentar una cultura en la que la toma de decisiones y la ejecución sean valoradas y recompensadas; promover una cultura de acción, compromiso y adaptabilidad para asegurarse de que la estrategia no se quede en el papel, sino que se convierta en resultados tangibles.

3. Perdido en el día a día

Una forma de evitar el crecimiento de una organización y de no tomar decisiones es perderse en las agendas del día a día. El éxito es una combinación de esfuerzo y coherencia. Hay que ser capaz de rodearse de talento en el que confiar para poder delegar, hacer crecer e inspirar y esto no se consigue perdidos en las operaciones del día a día.

Perderse en las actividades diarias puede convertirse en un obstáculo para el crecimiento y la toma de decisiones estratégicas dentro de una organización. A menudo, los líderes y CEO pueden quedar atrapados en la rutina de tareas operativas, lo que dificulta su capacidad para impulsar un crecimiento sostenible y efectuar elecciones clave.

Un CEO efectivo debe tener una agenda que se centre en objetivos claros y estratégicos. En lugar de llenar su día con reuniones y tareas operativas, debe priorizar actividades que estén alineadas con la visión a largo plazo de la organización. Esta perspectiva estratégica es esencial para tomar decisiones que impulsen el crecimiento y permitan que la empresa se mantenga competitiva en un entorno en constante cambio.

La cantidad de reuniones no es un indicador del éxito de un CEO. En cambio, el valor se encuentra en la efectividad de las decisiones tomadas y las acciones realizadas para lograr los objetivos. En lugar de llenar la agenda con reuniones sin propósito claro, los líderes deben concentrarse en identificar y perseguir metas que tengan un impacto significativo en el crecimiento y el éxito de la organización.

Un factor fundamental para evitar quedar atrapado en las operaciones diarias es la capacidad de delegar. Los líderes exitosos comprenden la importancia de rodearse de un equipo talentoso y confiable al que puedan delegar responsabilidades. Esto no solo alivia la carga de trabajo del CEO, sino que también permite que el talento individual brille y contribuya al éxito general de la empresa.

Los CEO no solo son responsables de administrar las operaciones diarias, sino también de liderar, inspirar y fomentar el crecimiento. Para lograr esto, deben estar disponibles para ofrecer orientación y apoyo estratégico en lugar de estar constantemente involucrados en tareas operativas. Ser capaz de mantener la perspectiva a largo plazo y brindar dirección clara es esencial para el desarrollo continuo de la organización.

Los líderes deben crear un equilibrio entre la gestión operativa y la toma de decisiones estratégicas. Esto puede lograrse estableciendo sistemas eficientes, delegando tareas y manteniendo una visión constante de los objetivos a largo plazo. Esto permite que los líderes aborden desafíos inmediatos mientras trabajan para conseguir el crecimiento sostenible.

El éxito en el liderazgo es una combinación de esfuerzo y coherencia. Para lograrlo, los líderes deben mantener un enfoque claro en los objetivos estratégicos y en las decisiones que impulsan el crecimiento. Al confiar en su equipo, delegar responsabilidades y evitar quedar atrapados en las operaciones diarias, los CEO pueden crear un entorno en el que la organización pueda florecer y prosperar en un ambiente empresarial competitivo y en constante evolución.

4. Malas noticias

Tienes muchas probabilidades de fracasar si no has sido capaz de crear un clima de confianza y tolerancia al fallo. Si no has hecho que las malas noticias lleguen de forma inmediata a tu escritorio, con las primeras propuestas de solución, para poder intervenir y gestionar; si no te gustan los problemas y los dejas para después, el desastre se mastica en el ambiente. Y es que la calidad de la información que fluye dentro de una organización es un factor crucial para el éxito. Si la información es inexacta, insuficiente o se oculta, la toma de decisiones efectiva se ve comprometida. Es fundamental crear un entorno en el que la confianza, la tolerancia al fallo y la transparencia sean los pilares de la comunicación.

La confianza es la base de cualquier relación efectiva, incluyendo la relación entre líderes y empleados. Los líderes deben fomentar un clima en el que los empleados se sientan cómodos compartiendo información, incluso si se trata de malas noticias o errores. La tolerancia al fallo es esencial para que los empleados se sientan motivados a asumir riesgos y proponer nuevas ideas, sabiendo que no serán castigados por los fracasos que inevitablemente ocurren en el proceso de innovación.

En este sentido, la comunicación oportuna es esencial para abordar problemas y desafíos de manera efectiva. Los líderes deben establecer canales de comunicación abiertos y directos para asegurarse de que las malas noticias lleguen rápidamente a su atención. Ignorar problemas o retrasar la comunicación puede permitir que los problemas se agraven y dificulten su resolución. No basta con informar sobre los problemas; también es crucial presentar propuestas de solución. Los líderes deben alentar a los empleados a pensar en soluciones viables cuando se enfrentan a dificultades. Esto no solo demuestra que la organización está comprometida a encontrar soluciones, sino que también brinda a los líderes la información necesaria para intervenir y gestionar de manera efectiva.

Evitar los problemas o aplazar su resolución es una receta para el desastre. Los problemas no resueltos pueden crecer y tener un impacto significativo en la organización con el tiempo. Los líderes deben adoptar una mentalidad proactiva hacia las dificultades y enfrentarlas directamente en lugar de posponer su abordaje.

Fomentar una cultura de transparencia requiere algo más que simplemente decir que es importante. Los líderes deben ser ejemplos a seguir, y transparentes en su comunicación y en la toma de decisiones. Cuando los empleados ven que los líderes comparten información honesta y actúan con coherencia, se sienten más inclinados a hacer lo mismo.

Una comunicación abierta y transparente, junto con una mentalidad proactiva para abordar problemas, actúa como un sistema de prevención de desastres. Al estar al tanto de los problemas desde el principio y tomar medidas inmediatas para resolverlos, los líderes pueden evitar que los desafíos se conviertan en crisis.

La mala información puede ser perjudicial para cualquier organización. Para mitigar este riesgo, los líderes deben crear un entorno basado en la confianza, donde los empleados se sientan libres de compartir malas noticias y desafíos. La transparencia, la comunicación oportuna y la disposición para abordar problemas son esenciales para la gestión efectiva y la toma de decisiones informadas. Al adoptar estas prácticas, los líderes pueden prevenir potenciales desastres y construir una cultura de resiliencia y crecimiento.

5. Distancia de la acción

Mantener la distancia adecuada entre la observación y la ejecución es un arte en la gestión empresarial. Esta distancia se refiere a la separación necesaria entre la perspectiva estratégica y la acción operativa. Encontrar el equilibrio correcto es esencial para un liderazgo efectivo y el éxito organizacional.

Los líderes deben tener una visión estratégica que les permita ver el panorama general y anticipar tendencias y cambios en el entorno empresarial. Esta perspectiva es vital para tomar decisiones informadas y alinear los esfuerzos de la organización con los objetivos a largo plazo. Sin embargo, quedarse solo en la observación estratégica sin involucrarse en la ejecución puede conducir a una desconexión de la realidad operativa. Por otro lado, es en la ejecución donde ocurren las acciones concretas para lograr los objetivos. Estar cerca de la acción significa entender los procesos operativos y estratégicos que impulsan la organización. Los líderes que se involucran en la ejecución demuestran un compromiso tangible con los resultados y pueden tomar decisiones basadas en información práctica y actualizada.

Los líderes deben comunicar no solo su ocupación, sino también su preocupación y su interés genuino en lo que sucede dentro de la organización. Esto implica no solo estar informado, sino también escuchar a los empleados, comprender sus dificultades y reconocer sus contribuciones. Esta actitud crea un ambiente de confianza y compromiso, y demuestra que el liderazgo está dispuesto a respaldar y apoyar a los equipos.

Alejarse demasiado de la acción y los procesos operativos puede resultar en aislamiento y desconexión de la realidad organizacional. Los líderes que no están cerca de donde ocurren las cosas pueden perder información crucial y tomar decisiones basadas en suposiciones erróneas. La gestión efectiva requiere una comprensión profunda de los procesos y desafíos diarios.

En lugar de ser un mero observador o un ejecutor directo, el líder efectivo actúa como un facilitador que equilibra la visión estratégica con la comprensión práctica. Este enfoque permite tomar decisiones informadas y empoderar a los equipos para que trabajen de manera eficaz en la ejecución. Encontrar el equilibrio adecuado entre observación y ejecución tiene varios beneficios. Por ejemplo, permite una toma de decisiones informada y ágil, una mejor comprensión de los desafíos y una mayor eficiencia operativa. Además, fomenta una cultura de colaboración y compromiso en la que los equipos sienten que el liderazgo está conectado y comprometido con sus esfuerzos.

La distancia de la acción es un desafío que los líderes deben enfrentar con sabiduría. Mantener una observación estratégica al mismo tiempo que una conexión genuina con la ejecución es esencial para un liderazgo efectivo. Los líderes que encuentran el equilibrio correcto entre estos dos aspectos pueden tomar decisiones más acertadas y gestionar con éxito una organización en un entorno empresarial en constante cambio.

6. Cuando el CEO tiene poco control sobre los resultados

La responsabilidad de un CEO se extiende más allá de la competencia técnica y alcanza la gestión de resultados. Aunque interpretar los resultados es esencial, la clave radica en la coherencia, la objetividad y el respeto hacia el proceso. Cuando el CEO tiene poco control sobre los resultados directos, su enfoque debe estar en áreas donde puede marcar la diferencia.

La atención a los resultados es un reflejo de la responsabilidad del CEO hacia la organización y todas las partes interesadas. Aunque la interpretación de los resultados es crucial, es igualmente importante mantener una actitud de respeto hacia el proceso y la realidad operativa. Los líderes deben ser objetivos y coherentes en su enfoque, demostrando que comprenden la importancia de los resultados para el éxito de la organización.

Generar resultados operativos positivos es fundamental para la salud financiera de una organización. Sin embargo, el enfoque debe ir más allá de los beneficios a corto plazo.

Prestar atención a los flujos de efectivo positivos es aún más importante, ya que garantiza la liquidez y la capacidad de la empresa para enfrentar dificultades y aprovechar oportunidades en el futuro.

El control del capital invertido es un aspecto esencial en la gestión financiera. Los líderes deben ser conscientes de cómo se utiliza el capital de la empresa y si está contribuyendo a la creación de valor a largo plazo. La práctica de drenar el patrimonio de la empresa para obtener resultados inmediatos no es sostenible y puede perjudicar la estabilidad y el crecimiento.

El éxito sostenible de una organización radica en su capacidad para crear, ofrecer y obtener valor. Los líderes deben centrarse en estrategias y acciones que contribuyan al valor tanto corporativo como social. Esto implica no solo la generación de beneficios financieros, sino también la contribución positiva a la comunidad y la sociedad en general.

El enfoque del CEO debe ser holístico y sostenible. Aunque puede haber limitaciones en su control directo sobre ciertos resultados, puede influir en la cultura organizacional, la toma de decisiones y la asignación de recursos. Al promover una mentalidad de valor a largo plazo y responsabilidad, el CEO puede sentar las bases para un crecimiento llevadero y una contribución significativa en todos los niveles.

Cuando el CEO tiene poco control directo sobre los resultados, su papel se vuelve aún más vital en la forma en que dirige la organización. La atención a los resultados es un acto de responsabilidad y respeto hacia la empresa y sus partes interesadas. Al enfocarse en la generación de valor, la sostenibilidad financiera y el impacto social, el CEO puede desempeñar un papel fundamental en la dirección y el éxito de la organización.

7. Escasa cultura digital

La cultura digital se ha convertido en un factor determinante en el éxito de las organizaciones en la era moderna. Aquellas empresas que no han adoptado esta cultura se enfrentan a desafíos significativos que van desde la eficiencia operativa hasta la adaptabilidad y la capacidad de aprovechar nuevas oportunidades. A continuación, se explora con mayor profundidad este concepto.

Uno de los principales objetivos de la digitalización es mejorar la eficiencia empresarial. Al utilizar las herramientas digitales adecuadas, las organizaciones pueden automatizar procesos, reducir errores y aumentar la productividad en general. Esto permite que los recursos se utilicen de manera más eficaz y se liberen para tareas más estratégicas.

La digitalización también proporciona una vía para la escalabilidad y la expansión internacional. Las empresas pueden aprovechar las oportunidades que brinda la tecnología digital para llegar a nuevos mercados y segmentos de clientes en todo el mundo. La presencia en línea, el comercio electrónico y las estrategias de *marketing* digital son ejemplos de cómo la digitalización puede impulsar el crecimiento global.

Las empresas sin una cultura digital sólida pueden quedar atrapadas en un estado «sólido». Esto significa que pueden enfrentar dificultades para adaptarse a los cambios, ser ágiles y aprovechar oportunidades emergentes. La falta de flexibilidad puede limitar su capacidad para moverse con facilidad y responder a las demandas cambiantes del mercado y la industria.

Es crucial que la tecnología no se utilice como una solución aislada para cubrir la falta de visión y estrategia. Convertir los pilares sólidos de la empresa en elementos volátiles debido a una implementación inadecuada de la digitalización puede ser riesgoso. En cambio, la tecnología debe estar alineada con una visión estratégica clara y un propósito definido.

El objetivo real de aplicar tecnología dentro de una cultura de digitalización es lograr la adaptabilidad y la flexibilidad necesarias para sobrevivir y prosperar en un entorno en constante cambio. Una organización «líquida» es aquella que puede adaptarse y ocupar su dimensión completa, independientemente de dónde se presente una oportunidad o un desafío. Esto implica la capacidad de cambiar y ajustarse rápidamente según sea necesario.

La escasa cultura digital puede ser un obstáculo para el éxito en un mundo impulsado por la tecnología. Las organizaciones deben adherirse a la digitalización no solo para mejorar la eficiencia, sino también para aprovechar nuevas oportunidades y mantenerse adaptables. El desafío es adoptar la tecnología de manera estratégica, asegurando que esté en línea con la visión y la misión de la empresa. Al lograr una verdadera cultura de digitalización, las organizaciones pueden moverse con agilidad y prosperar en un entorno empresarial en constante evolución.

Confío en que estos consejos te sean de utilidad y que el hecho de estar atento y no cometer estos errores te ayude en tu evolución #deceroaceo.

Para evitar cometer estos errores a mí me ayuda mucho el concepto que he acuñado como MBWA (*Management by Walking Around*). Significa tomarte el tiempo de moverte por la organización, observarla, preguntar y escuchar de manera activa. Te permite estar en contacto con la realidad del negocio, respirar en primera persona el clima y entender con los números en la mano la realidad de los datos. Lógicamente esto requiere la capacidad de desarrollar las habilidades necesarias para poder empatizar, adaptarse y desarrollar un pensamiento crítico que te aporte integridad, optimismo, resiliencia y proactividad. De todo esto te hablo en el siguiente capítulo, donde he identificado las siete habilidades que todo CEO debe dominar.

2.
Las 7 habilidades que todo CEO debe dominar

«El mayor reto es intentar ser uno mismo cuando el resto del mundo intenta que seas otro».

E. E. CUMMINGS

En el primer capítulo hemos hablado de los errores que evitar si asumes la responsabilidad de liderar una organización. Claramente esto no es suficiente para desarrollar la función de CEO al máximo nivel en un entorno complejo como el actual.

La velocidad de los cambios y la complejidad del mundo moderno no tienen precedentes. El entorno actual es mucho más competitivo y se transforma día a día, lo que presenta desafíos y oportunidades tanto a nivel colectivo como individual. Por fortuna, cada persona tiene el poder de enfrentar la incertidumbre haciéndose responsable de su propia vida y sin culpar a otros.

En este contexto, la adaptabilidad, el pensamiento crítico, la empatía, la integridad, el optimismo, la proactividad y la resiliencia son habilidades fundamentales que las personas deben desarrollar. Hace veinte años empezó a reconocerse la importancia fundamental de estas competencias.

1. Adaptabilidad

La adaptabilidad es la capacidad de cambiar para desempeñarse en circunstancias nuevas. Aunque es normal resistirse al cambio, las personas deben adaptarse constantemente a nuevos entornos a lo largo de su vida. Esto exige agilidad, así como asumir riesgos. La adaptabilidad le permite enfrentar mejor la incertidumbre y mejorar su trabajo en equipo. Desafortunadamente, las personas suelen ser menos adaptables de lo que piensan. Existen siete pasos para desarrollar su adaptabilidad:

1. Poner FOCO. Seguir a rajatabla lo que tenga que hacer. Adaptarse no significa saltar de una tarea a otra. Hay que comprometerse con sus tareas presentes.
2. Modo BETA. Mostrar disponibilidad para aprender. Hay que intentar cosas distintas.
3. Improvisar. Debe ser espontáneo y no tener miedo de cambiar su rutina ante una oportunidad.
4. Ejercitar los músculos. Hacer ejercicio y buscar ser más flexible mental y emocionalmente es imprescindible.
5. Adoptar una actitud positiva ante el cambio. Es necesario procurar reaccionar con entusiasmo ante los cambios de su vida.

6. Ser creativo al buscar soluciones. Ante un problema se debe hacer una lista de todas las soluciones posibles.
7. Adoptar la actitud del supervivicnte. No hay que concebirse a uno mismo como víctima.

2. Pensamiento crítico

El pensamiento crítico es el motor que impulsa la capacidad de evaluar la información que se recibe y los desafíos que se presentan. Para solucionar problemas complejos y fomentar la creatividad, es imperativo cultivar esta habilidad.

En la raíz del pensamiento crítico reside la apertura mental, una habilidad para observar detenidamente y razonar de manera profunda. Alcanzar este nivel requiere una serie de pasos fundamentales que guían su desarrollo y que desgrano a continuación:

1. Cuestionar los cimientos. Es vital cuestionar lo que se da por sentado, desafiar suposiciones y creencias arraigadas que podrían estar limitando el potencial. Al liberarse de estos obstáculos mentales, uno se abre a nuevas perspectivas y posibilidades.
2. La multidimensionalidad. La adopción de diferentes puntos de vista es esencial. Al ver un problema desde diversos ángulos, se obtiene una imagen más completa y se pueden encontrar soluciones fuera de los caminos trillados.

3. La creatividad como aliada. Fomentar la creatividad es un componente esencial del pensamiento crítico. En lugar de ver los obstáculos como impedimentos, se deben considerar oportunidades enmascaradas.

4. La reflexión ponderada. Tomarse tiempo para reflexionar es un acto de sabiduría. Solo al permitirse momentos de introspección se pueden tomar decisiones más informadas y fundamentadas.

5. Trascender las superficies. Evitar tomar todo al pie de la letra es crucial. Depender de las impresiones iniciales y las corazonadas superficiales puede llevar a conclusiones erróneas. La profundidad en el análisis es la clave.

6. Cultivar habilidades. El pensamiento crítico se nutre del constante aprendizaje. Leer, escribir, compartir opiniones y participar en debates desafiantes amplía la paleta mental y la capacidad de análisis.

7. Romper moldes mentales. Atreverse a expresar opiniones y conceptos contrarios a lo establecido puede ser intimidante, pero es esencial. Solo al cuestionar lo que todos dan por sentado se puede promover el progreso y un cambio real.

Como ya hemos visto, el pensamiento crítico es una competencia que trasciende las disciplinas y que ejerce un impacto profundo en la toma de decisiones, la innovación y la resolución de problemas. En un mundo caracterizado por la complejidad y la incertidumbre, esta habilidad se convierte en el faro que guía a individuos y comunidades hacia soluciones inteligentes y perspicaces. Con cada paso tomado para fortalecerlo se forjan mentes analíticas que no solo prosperan, sino que también lideran en la búsqueda de un mañana más iluminado.

3. Empatía

La empatía consiste en comprender los sentimientos y pensamientos de los demás, poniéndose en el lugar de otros. Es una habilidad esencial para mejorar las relaciones interpersonales y respetar a los demás. Estos son los siete pasos para aumentar tu empatía:

1. Piensa en alguna situación en la que demostraste empatía. Implica identificar qué ocurrió y cómo te sentiste.
2. Piensa en las últimas discusiones que has tenido y en lo que sucedió. Las personas suelen ser menos empáticas con sus seres queridos.
3. Entabla una conversación y escuche con atención. Conlleva hacer preguntas abiertas y demostrar tu interés hacia el otro.
4. Reduce tu velocidad. Para esto, la práctica del *mindfulness* puede ser muy útil.
5. Interpreta de manera correcta las expresiones faciales y el lenguaje corporal. Debes entrenarte para percibir las señales no verbales.

6. Reflexiona sobre los resultados. Es necesario poner énfasis en los medios para alcanzar dichos resultados.
7. Empieza a cultivar la «generosidad social». Motivar a las personas y brindarles una retroalimentación satisfactoria aumenta tu empatía.

4. Integridad

La integridad es la coherencia entre lo que se dice y lo que se hace. Esta competencia surge de la honestidad y de la firmeza de carácter. Cuando hay integridad y apego a los valores, se genera confianza. Estos son siete pasos esenciales para alcanzar la integridad:

1. Empieza por definir cuáles son tus valores. Para definirlos puedes pensar en tus modelos de comportamiento y en lo que estos tienen en común.
2. Sé responsable. Especialmente en los momentos difíciles. Cumplir siempre tu palabra es primordial.
3. Si tienes que decepcionar a alguien, hazlo con integridad. Implicar al otro en la solución alternativa es una manera de lograrlo.
4. Rinde cuentas personalmente. Significa dar la cara y brindar explicaciones honestas.
5. Empieza contigo mismo. Hay que ser honesto y no mentirse a uno mismo.

6. Crea confianza. Hay que ser predecible, honrado y cumplir con lo que se ofrece.
7. Gestiona las expectativas. Establece acuerdos y deja las cosas bien claras para forjar tu integridad.

5. Optimismo

El optimismo consiste en vivir aceptando lo bueno y reformulando lo malo. La gente optimista es más sana, tiene más éxito y vive más tiempo. El optimismo es un estilo de pensamiento que puede aprenderse. Mantener una actitud positiva pese a las circunstancias es esencial para ser feliz e inspirar a los demás. Estos son los siete pasos hacia el optimismo:

1. Asume tu negatividad. Al igual que las experiencias positivas, las negativas son importantes para la vida. En muchas ocasiones, las expectativas negativas son inevitables.
2. Reformula el concepto de felicidad. La felicidad debe encontrarse en el presente a través de relaciones afectuosas y de una buena salud.
3. Anota tu manera de interpretar algo concreto. Hay que ser consciente de los criterios intrínsecos con los que interpretamos nuestra realidad.
4. Desarrolla tu fortaleza interior. A fin de cuentas, tu felicidad depende de tus acciones personales y no de los libros que leas.

5. Sé realista y crítico. Ver todo color de rosa es agotador y genera falsas expectativas.

6. Encuentra maneras de aliviar la ansiedad y la preocupación. Debes relajarte con un poco de actividad física y desconectar antes de dormir.

7. Reserva un tiempo para la gratitud. Es esencial sentirte agradecido y orgulloso por tus logros diarios.

6. Proactividad

La proactividad es la capacidad de responder eficazmente a las circunstancias con un pensamiento activo. Esta competencia te permite empezar de nuevo y reinventarte a lo largo de la vida. Implica tener la concentración necesaria para tomar decisiones ante los problemas en lugar de solo reaccionar. Ser proactivo también significa enfocarse en lo que puedes controlar y no desgastarte con lo que escapa a tu control.

Como estudioso de la filosofía estoica, considero este principio como la parte fundamental. La filosofía nos enseña cómo actuar, no cómo hablar. La simple consciencia de saber lo que depende de ti y lo que no. Conocida como la dicotomía del control según Epicteto.

Existen siete pasos para ser una persona proactiva:

1. Cuida tu lenguaje. Significa poner atención a lo que te dices a ti mismo y reprogramar las frases limitantes.

2. Comprometerse a ser proactivo. Debes recordar que el lapso que separa el estímulo de la respuesta es muy breve. Tienes que elegir bien tu respuesta.
3. Procurar el equilibrio. Analizar bien todas las posibilidades ante lo que sucede día a día mejora la proactividad.
4. Aprender algo nuevo. Conlleva aprender e intentar lo que nunca se ha hecho y siempre se ha deseado.
5. Inventa algo para involucrarte en tu comunidad. Esto puede darte mucha satisfacción y plenitud.
6. Sea lo que sea, empieza. Es necesario definir tu objetivo y dirigirte hacia él.
7. Inspira a los demás. Debes ser un modelo para los demás en lugar de alguien que hace juicios de valor. Evita la crítica.

7. Resiliencia

La resiliencia es la capacidad de recuperarse de los reveses y acontecimientos negativos. Esta habilidad es necesaria para superar la frustración, manejar el estrés y gestionar la tensión. Las personas resilientes tienen mayor estabilidad emocional y se orientan más eficientemente hacia sus objetivos. Aunque algunas personas son más resilientes por naturaleza que otras, tú puedes seguir estos siete pasos para desarrollar tu resiliencia:

1. Gana perspectiva. Significa aprender de las experiencias y aportar lo mejor que puedas en cada situación.

2. Aprende a manejar bien el estrés. Debes ser consciente de las situaciones especialmente estresantes para ti.
3. Conoce tus fortalezas, confía en ellas y úsalas. Cada persona debe descubrir qué es lo que se le da bien.
4. Intenta que la proactividad entre en tu vida. Adelantarte a las adversidades, pedir ayuda y probar soluciones distintas de las habituales te hará más resiliente.
5. Cuida de ti mismo. Tienes que buscar el equilibrio mental, físico, emocional y espiritual.
6. Gestiona el conflicto. Este surge cuando dos personas ven las cosas de manera distinta.
7. Asume más riesgos. No debes tener miedo de cometer errores. El miedo genera parálisis.

Cultivar estas habilidades emocionales aumenta tu satisfacción y tu felicidad. Debes atreverte a practicarlas para tomar el control de tu vida y ser más feliz. Además, te permitirán encontrar tu verdadera vocación y disfrutar de tu trabajo. Tú puedes evolucionar hasta convertirte en la mejor versión de ti mismo y vivir una vida llena de significado, propósito y plenitud.

La autoconciencia es fundamental para desarrollar tu inteligencia emocional. Debes comprender quién eres realmente, por qué piensas de la manera en que lo haces y cómo tiendes a responder a los cambios y las dificultades, así como a las sorpresas y las oportunidades.

3.
Los 7 pasos para construir una estrategia de éxito

«La estrategia se trata de tomar decisiones, compensaciones; se trata de elegir deliberadamente ser diferente».

MICHAEL PORTER

Toda empresa necesita contar con una estrategia que consiga hacer irrelevante a la competencia. Esta es, según mi opinión, la clave de pensar estratégicamente dentro de las organizaciones. Además, la estrategia debe responder de manera anticipada a los grandes retos de mundo. Pero, antes de sugerirte, cuáles son los siete pasos para construir una estrategia de éxito para tu empresa, déjame que te anticipe cuáles son los siete factores claves que representan los cambios actuales y futuros, y con los que cualquier estrategia tendrá que lidiar. Estos son la revolución tecnológica, la transformación del empleo, la globalización, los cambios demográficos, la salud, la educación y la bioeconomía.

1. Revolución tecnológica

En la actualidad, estamos siendo testigos de una revolución que está integrando de manera exponencial diversas tecnologías en nuestra vida cotidiana. Entre estas innovaciones se incluyen la inteligencia artificial, el análisis de datos a gran escala, la realidad aumentada, la realidad virtual, la impresión 3D, nuevos materiales, la tecnología 5G y *blockchain*, entre otras. Desde esta perspectiva, asombra pensar cómo la aparición de ARPANET, la primera red que dio origen a Internet, en el año 1969, transformó por completo nuestra existencia.

No resulta sencillo anticipar los acontecimientos que marcarán los próximos años en vista de la continua evolución y la retroalimentación entre estas tecnologías. Estamos destinados a ser espectadores de la singularidad, el momento en que la inteligencia artificial superará la capacidad intelectual humana. Es esencial entender que la tecnología no es intrínsecamente buena ni mala, pero tampoco carece de influencia; su impacto depende de cómo la empleemos y gestionemos. Este cambio supondrá entrar en la era del pensamiento, superando la era del conocimiento que hemos vivido hasta ahora.

2. Transformación del empleo

Otra de las transformaciones profundas de las que estamos siendo testigos está ocurriendo en las estructuras laborales;

lo cual se traduce en la pérdida de la seguridad y la estabilidad tradicionales en el ámbito del trabajo. En el siglo XXI, la influencia de la tecnología está desencadenando la fragmentación de las relaciones laborales, manifestada en fenómenos como la externalización a través de subcontrataciones. Esta tendencia se ha acelerado gracias a la irrupción de plataformas digitales que, en última instancia, tendrán un alcance generalizado en todos los sectores y actividades. A raíz de esta evolución, nos encontramos con desafíos sustanciales, pero también con un abanico de oportunidades. Es importante subrayar que este nuevo paradigma no necesariamente conlleva condiciones laborales precarias, pero seguro que requiere de un nuevo contrato social.

3. Globalización

La globalización ha establecido un nuevo escenario en el cual la competencia no conoce fronteras. En este contexto, Occidente ha visto mermar su dominio frente a las naciones de Oriente y de otras partes del mundo. En este sentido, la influencia geopolítica se ha convertido en un factor crucial en la configuración de la economía actual y lo será más aún en el futuro, puesto que la economía global actual se caracteriza por la interconexión profunda entre naciones, donde las cadenas de suministro cruzan océanos y continentes. Esta interdependencia plantea desafíos y oportunidades e impulsa la colaboración en la búsqueda de soluciones compartidas a problemas comunes. Los recursos naturales, especialmente las materias primas esenciales, juegan un papel protagónico en la dinámica global. La disponibilidad y el acceso a estos recursos se han convertido en un elemento central para el crecimiento y la sostenibilidad económica. Así, las naciones que poseen estos recursos ganan influencia y poder en la arena internacional.

No hay que olvidar que la economía del futuro está intrínsecamente vinculada al manejo de los recursos. Las innovaciones tecnológicas y las estrategias de sostenibilidad se convierten en elementos críticos para maximizar la eficiencia en la utilización de recursos limitados. Las naciones que lideren en estas áreas estarán bien posicionadas para dirigir la evolución económica en los próximos años. La diplomacia económica y las alianzas estratégicas cobran una relevancia sin precedentes. Los acuerdos comerciales y las políticas internacionales se entretejen con el desarrollo económico, así como la inversión extranjera y la seguridad nacional.

En resumen, la globalización ha transformado la economía mundial en una red interconectada y multidimensional. La competencia internacional, la geopolítica y el acceso a recursos clave son factores ineludibles en la configuración de la economía actual y su dirección futura. Adaptarse a estas dinámicas, a la innovación y construir relaciones internacionales sólidas es esencial para asegurar un liderazgo económico duradero en el panorama global.

4. Cambios demográficos

En el escenario contemporáneo, los cambios demográficos presentan un conjunto complejo de desafíos y oportunidades para la sociedad. El aumento continuo de la población mundial, acompañado de una prolongación de la esperanza de vida, ha dado lugar a un fenómeno significativo: el alargamiento de la vida laboral, lo que, a su vez, ha retrasado la edad de jubilación. Esta transformación en la estructura demográfica tiene implicaciones profundas y variadas. Por un lado, la extensión de la vida laboral introduce un nuevo dinamismo en el mercado laboral: los trabajadores deben adaptarse a carreras profesionales más largas y a la necesidad de mantenerse actualizados en un entorno en constante evolución; mientras que las empresas deben replantearse cómo gestionan y retienen a empleados de diferentes generaciones, cada uno con sus propias perspectivas y necesidades.

A nivel social y económico, este cambio demográfico plantea un desafío considerable para los gobiernos y sistemas de bienestar social. Los modelos tradicionales de seguridad social y pensiones pueden volverse insostenibles en un contexto en el que la población activa se encuentra durante más tiempo en el mundo laboral. La presión sobre los sistemas de salud, la asistencia a largo plazo y otros servicios sociales también aumenta a medida que aumenta la proporción de personas mayores en la población. La redefinición de este escenario requiere un enfoque integral y colaborativo. La creación de un nuevo contrato social se torna esencial para abordar los desafíos emergentes. Esto implica una revisión profunda de cómo se distribuyen los recursos, cómo se apoyan los sistemas de seguridad social y cómo se fomenta una cultura de aprendizaje permanente que permita a las personas adaptarse a las nuevas realidades laborales y sociales. En este proceso de transformación, la tecnología y la innovación desempeñan un papel fundamental. La automatización y la digitalización pueden ayudar a optimizar la productividad y generar nuevas oportunidades en el mercado laboral, pero también requieren una actualización constante de habilidades por parte de los trabajadores.

En resumen, los cambios demográficos son una faceta central del panorama contemporáneo, con consecuencias profundas en múltiples ámbitos de la sociedad. A medida que la población crece y las vidas laborales se extienden, la necesidad de adaptación y renovación de los sistemas y estructuras se vuelve imperativa. A través de la colaboración entre gobiernos, empresas y ciudadanos, es posible diseñar soluciones innovadoras que aborden los retos de manera equitativa y sostenible, garantizando un futuro más resiliente y próspero para todos.

5. Salud

En el escenario de la salud a nivel mundial, se vislumbran retos significativos que demandan soluciones innovadoras.

En este contexto, el potencial de las nuevas tecnologías emerge como un catalizador clave para el progreso. Las tecnologías emergentes están listas para desempeñar un papel crucial en la gestión de información de pacientes, diagnósticos médicos y propuestas de tratamientos, abriendo un abanico de oportunidades para una atención de salud más precisa y personalizada.

El auge de la digitalización y la inteligencia artificial ha allanado el camino para una gestión de datos más eficiente y efectiva en el ámbito de la salud. Las historias clínicas electrónicas y los sistemas de información médica permiten a los profesionales de la salud acceder y compartir datos relevantes en tiempo real, mejorando la coordinación y calidad de la atención. En el diagnóstico y tratamiento de enfermedades, la tecnología se posiciona como un aliado invaluable. La implementación de algoritmos y análisis avanzados permite una detección más temprana y precisa de patologías, lo que a su vez impulsa la toma de decisiones clínicas informadas. Además, las soluciones basadas en tecnología posibilitan opciones de tratamiento más adaptadas a la genética individual de los pacientes, incrementando la efectividad y reduciendo los efectos secundarios. Por ejemplo, el concepto de medicina personalizada se cimenta en la capacidad de la tecnología para analizar los datos genéticos y moleculares de cada individuo. Esto no solo conduce a tratamientos más específicos, sino que también sienta las bases para la prevención y detección temprana de enfermedades hereditarias. Sin embargo, este camino hacia la salud mejorada y personalizada no está exento de desafíos. La ética y la privacidad en el manejo de datos de salud son preocupaciones fundamentales que deben abordarse con cautela. Garantizar la seguridad de la información del paciente y mantener un equilibrio entre innovación y responsabilidad es esencial para ganar la confianza de los pacientes y profesionales de la salud.

En síntesis, la convergencia de la salud y la tecnología abre una ventana de oportunidades para abordar retos cruciales en el ámbito de la atención médica. La gestión informada de datos, los diagnósticos precisos y los tratamientos personalizados son solo el inicio de una revolución en la salud global. Sin embargo, este progreso debe ser guiado por valores éticos y un compromiso inquebrantable con la seguridad de los pacientes. La colaboración entre profesionales de la salud, científicos y tecnólogos es esencial para forjar un futuro más saludable y prometedor para todos.

6. Educación

En el ámbito de la educación, las demandas y expectativas hacia los jóvenes están en constante crecimiento; sin embargo, a menudo nos encontramos con una lamentable carencia en su preparación. Es crucial que avancemos hacia un modelo educativo centrado en el aprendizaje en lugar de la simple formación. Esta transición implica adoptar un enfoque de «aprendizaje» en contraposición a uno de «formación», lo que se podría denominar un modelo de «entrenamiento» frente a uno de «aprendizaje». Además, debemos poner un énfasis especial en cultivar la habilidad de desaprender, con el fin de crear un espacio para la asimilación de nuevos conocimientos. En lugar de meramente impartir conocimientos y habilidades, es fundamental fomentar un ambiente en el que los estudiantes puedan aprender a aprender. La educación debe ir más allá de la mera transmisión de información y promover la autonomía intelectual, la resolución de problemas y el pensamiento crítico. Esto permitirá que los jóvenes se adapten de manera efectiva a los cambios en constante evolución y enfrenten los desafíos emergentes en su vida personal y profesional.

El contraste entre «entrenamiento» y «aprendizaje» radica en su enfoque y alcance. Mientras que el entrenamiento tiende a ser más orientado a tareas específicas y habilidades concretas, el aprendizaje abarca un espectro más amplio y profundo de comprensión y crecimiento personal. Al adoptar un modelo de aprendizaje, estamos cultivando individuos que no solo pueden realizar tareas, sino que también tienen la capacidad de explorar, analizar y sintetizar información de manera crítica. La noción de «desaprender» es igualmente fundamental en este proceso. La capacidad de cuestionar supuestos arraigados y adaptarse a nuevos paradigmas es esencial en un mundo en constante evolución. Al desaprender, creamos un espacio mental donde las ideas preconcebidas pueden ser reemplazadas por nuevos enfoques y perspectivas frescas.

En resumen, la educación debe evolucionar para enfrentar las demandas de la sociedad actual. Cambiar el enfoque de la formación al aprendizaje, así como cultivar la habilidad de desaprender, son pasos esenciales para empoderar a los jóvenes con las habilidades necesarias para tener éxito en un mundo en constante cambio. Estamos forjando mentes flexibles y adaptativas que no solo pueden navegar en la complejidad actual, sino también liderar en la creación y aplicación de conocimientos futuros.

7. Bioeconomía

En un mundo asediado por la amenaza del cambio climático, la adopción de una economía que respete el entorno natural ya no es una elección, sino una responsabilidad ineludible. Para alcanzar un desarrollo genuinamente sostenible, la bioeconomía emerge como un componente esencial. La FAO ha definido la bioeconomía como la «producción fundamentada en el conocimiento y la utilización de recursos, procesos y métodos biológicos, con el propósito de proporcionar bienes y servicios de manera sostenible en todos los sectores económicos». La bioeconomía no solo representa un cambio en la forma en que operamos económicamente, sino que también es un catalizador para abordar las desafiantes problemáticas ambientales y sociales que enfrentamos. Al basar nuestra producción en los recursos biológicos y aprovechar los procesos naturales, podemos reducir nuestra huella ecológica y contribuir a la conservación de los ecosistemas cruciales.

Una de las formas más tangibles de llevar esto a la práctica es la adopción de la regla del 3-30-300 en entornos urbanos. Siguiendo esta guía, cada individuo tendría la posibilidad de observar al menos 3 árboles desde su hogar, alcanzando un 30% de cobertura vegetal en su vecindario y disfrutando de la proximidad de un parque a tan solo 300 metros de distancia. Esta visión tiene el poder de transformar nuestras ciudades en oasis de vitalidad, brindando beneficios tanto en términos de salud mental como en la absorción de dióxido de carbono y mejora del aire. No obstante, el camino hacia una bioeconomía y una vida en armonía con la naturaleza exige un compromiso colectivo. Gobiernos, empresas y ciudadanos debemos colaborar para crear políticas y prácticas que respalden esta transformación. La inversión en investigación y desarrollo, la promoción de la educación ambiental y la adopción de tecnologías limpias son pasos fundamentales en esta dirección.

En conclusión, la bioeconomía se convierte en la clave para una coexistencia sostenible entre la humanidad y la naturaleza. Al reconectar con nuestros recursos biológicos y adoptar prácticas que respeten el equilibrio del ecosistema, podemos no solo proteger nuestro planeta, sino también construir una economía más resiliente y una mejor calidad de vida. Es un llamado a la acción que trasciende las fronteras y las generaciones, en busca de un futuro que honre nuestro compromiso con la Tierra y sus habitantes.

Para poder responder del mejor modo posible a estos retos y poder construir una estrategia de éxito, he desarrollado a través de mi experiencia un modelo guiado que te permita transformar tu propósito en ejecución. El modelo se llama *Total Strategy* y con su lienzo *Total Strategy Model Canvas* puedes modelar la estrategia en una página.

www.totalstrategy.net

A continuación te dejo siete pasos que te guiarán en la construcción de tu modelo estratégico.

1. Definir misión, visión y valores corporativos

Es cierto que la misión y visión de la compañía son aspectos que pueden cambiar de aquí a un tiempo, no obstante, los valores corporativos suelen ser perennes. Respecto a la misión y visión; la primera responde a la razón de ser la empresa, mientras que la segunda, hacia dónde apunta a ir.

2. Conocer el entorno

Hay que partir de conocer cómo está marchando el mercado y el mundo. Por este motivo, será necesario tener en cuenta la situación política actual en relación con cómo puede afectar a tu negocio, y hacer lo mismo con aspectos económicos, sociales, tecnológicos, ambientales y legales.

3. Realizar un análisis interno de la empresa

Así como se han evaluado los factores externos que pueden afectar el crecimiento del negocio, se debe hacer lo propio con los factores internos. De esa manera se puede tener un mejor conocimiento de las fortalezas y debilidades de aquella, sus recursos, etc.

4. Establecer metas y objetivos

Que permitan saber hacia dónde se quiere llegar con la empresa. Para saber si esta se está alcanzando, para ello se deben crear metas que sean medibles, alcanzables, aunque sean ambiciosas y determinar un plazo para su desarrollo. Los objetivos de una empresa se trazan teniendo en cuenta la misión, visión y los valores de esta.

5. Definir las estrategias

Con los objetivos trazados anteriormente y conocidos los recursos que se tienen disponibles, se pueden definir las estrategias que se necesitarán para alcanzar cada meta. Se debe medir el éxito de las estrategias teniendo en cuenta los indicadores trazados anteriormente.

6. Involucrar a todo el equipo de trabajo

En la base de toda estrategia están las personas, por eso es fundamental definir la organización, puestos y roles de liderazgo, así como las competencias necesarias para hacer evolucionar la cultura de la empresa y orientar los esfuerzos a resultados que permitan conseguir los objetivos fijados.

Hablando de cultura, es necesario también determinar los órganos de supervisión y control y los modelos de relación y decisión, que permitan no burocratizar la empresa, pero sí inspirar para liderar haciendo crecer los equipos.

7. Ejecución de la estrategia y los planes establecidos

La principal característica de un líder es hacer que las cosas pasen. Si construimos una estrategia que no se ejecuta, jamás sabremos si era correcta y si permite de verdad hacer relevante a tu competencia. Por tanto, tenemos que asegurarnos en el proceso que esta parte ocurra.

Desde mi experiencia el modelo más simple y potente que permite pasar a la ejecución son los OKR (*Objectives and Key Results*), un método de gestión que, en nuestro idioma se entiende como «objetivos y resultados claves». Se trata de un sistema que ayuda a definir objetivos precisos, importantes, factibles y medibles, y asociar estos a resultados claves que permitan entender cómo se acerca la empresa al logro de los objetivos fijados. Es decir, al obtener los resultados clave, logramos los objetivos. Si te interesa realmente el mundo de la ejecución estratégica, puedes encontrar todos los detalles en mi libro *El pequeño gran manual sobre OKR.*

4.
Las 7 poderosas preguntas que el CEO debe plantear a su equipo

«Hacer preguntas correctas requiere de mucha más habilidad que dar respuestas correctas».

ROBERT HALF

Veíamos en el capítulo anterior cómo la formulación estratégica de la organización debe responder a los grandes retos que el mundo enfrenta. La revolución tecnológica, liderada por la inteligencia artificial ya está impactando en la transformación del empleo, y este impacto será mayor según se normalice su uso como ya sucedió con Internet. Esto supondrá una nueva evolución de la sociedad, es decir, el paso de una sociedad manufacturera creada con la Revolución Industrial a una sociedad del conocimiento, que está en pleno desarrollo en estos primeros años del siglo XXI.

En esta nueva sociedad del pensamiento, la capacidad de hacer buenas preguntas será fundamental, en otras palabras, el conocimiento será una *commodity* optimizada por la inteligencia artificial. Pero cómo aplicar de modo conveniente ese conocimiento será la clave del éxito, aquí entra la capacidad de hacer las preguntas correctas. Y es que la calidad de nuestra vida se alimenta fundamentalmente de la calidad de nuestro pensamiento. Nuestro pensamiento determina la calidad de las preguntas que hacemos a otros y a nosotros mismos. La pregunta abre la mente a la creatividad, a la creación de múltiples alternativas ante un mismo hecho, imagen e idea. Para tener éxito en la vida, uno necesita hacer preguntas esenciales: preguntas esenciales cuando lee, escribe y habla.

Recuerda que dominar el arte de preguntar te dará acceso a enfocar mejor una conversación y separar lo importante de lo irrelevante. Preguntar no es tan fácil como creemos. No nos suelen enseñar esto en el colegio, aun cuando las preguntas son la base de una buena conversación. No hay conversación inteligente sin preguntas inteligentes. El solo hecho de preguntar, encontremos o no la respuesta, es ya en sí mismo un arte, un movimiento de mejora, un cuestionamiento necesario para el avance.

Las buenas preguntas generan un impacto definitivo en la creación de nuevos conocimientos y en la apertura de nuevas perspectivas. Cuestionan las creencias, propias o compartidas. Nos sacan de lo establecido y nos colocan en nuevos horizontes. Una pregunta oportuna, o poderosa, es como una palanca que usamos para forzar una salida diferente a la conocida. Y que además tiene alguna de estas características:

- Dirige la curiosidad hacia lo desconocido.
- Estimula potenciales conversaciones críticas.
- Se orienta a nuevos supuestos.
- Invita a la creatividad creadora de múltiples soluciones.
- Genera energía para continuar avanzando, aunque lo que se cuestione sea pasado.
- Su foco tiene cualidad investigadora.
- Genera la posibilidad de nuevos significados.
- Evoca nuevas preguntas.

El proceso de preguntar debe tener en cuenta cómo construir la pregunta, es decir, si esta es una pregunta abierta o cerrada y cuál es su alcance.

Las preguntas son la fuerza que impulsa el pensamiento en una u otra dirección. Plantear preguntas inteligentes permite inspirar a las personas para que hablen acerca de sus pensamientos, su trabajo y sus preocupaciones. Este proceso de preguntas proactivo permite entender a las personas y ayudarlas a mejorar sus habilidades, llegar a sus propias soluciones y entender sus propias acciones.

La primera pregunta da prioridad a las personas, a los proyectos o a los patrones que se han de discutir, después se pregunta: ¿Y qué más...? ¿Y después? Aquí, ¿cuál es el verdadero reto para ti? Las otras preguntas son: ¿Qué quieres? ¿Cómo puedo ayudarte? Si dice que sí a esto, ¿a qué le dirá que no? Y, para evaluar el aprendizaje: ¿Qué fue útil para ti? En este sentido, necesitas capacitarte para formular las siete preguntas esenciales para la gente a la que tú sirves como guía, esto lo debes desarrollar como un hábito.

Las siete preguntas esenciales son:

1. La pregunta de partida

Pregunta «¿En qué piensas?» para iniciar una conversación enfocada. Esto dirige la conversación hacia el tema más importante, en los términos que lo define el interlocutor. Al formular esta pregunta se pone a la otra persona a cargo del rumbo de la conversación. Tienes que hablar del tema más apremiante para tu interlocutor y no para ti. Después de abrir con esta pregunta, utiliza el modelo de las 3P para enfocar la conversación.

Las 3P son:

- Proyectos: determina en qué está trabajando tu interlocutor y discute las tareas que deben realizarse en el momento.
- Personas: considera las relaciones con los miembros de tu equipo, colegas, otros departamentos, jefes y clientes.
- Patrones: explora las conductas habituales de tus empleados, esto puede revelarte cómo puede ayudarlos a acercarse a su trabajo y a lograrlo de manera más efectiva.

2. La pregunta que abre horizontes

La pregunta «¿Y qué más?» es la más efectiva. Al formularla, generas una comprensión mayor, mejor concientización y un autoconocimiento más amplio, lo que incrementa el potencial de una comunicación de ida y vuelta más significativa. La pregunta «¿Y qué más?» te da más tiempo para dar forma a la conversación de manera productiva. Permite que el empleado discuta con franqueza lo que está pensando.

En resumen, di menos y pregunta más y, recuerda, tu consejo muchas veces no es tan bueno como tú crees. Aunque esta filosofía de entrenamiento tiene mucho sentido, no es fácil llevarla a cabo. La pregunta «¿Y qué más?» ayuda a que recuerdes escuchar antes de hablar.

3. La pregunta foco

Pregunta «Aquí, ¿cuál es el verdadero reto para ti?». Esta pregunta te ayuda a descubrir temas más profundos que vale la pena tratar, no solo el primer problema mencionado por tu empleado. Muchos *managers* tratan de resolver los problemas tan pronto como aparecen. En vez de eso, evita dar consejos y esfuérzate para que las personas descubran sus propios caminos más rápido.

Sin embargo, la forma en que la gente caracteriza un problema por primera vez, a menudo, no tiene nada que ver con el problema subyacente. Formula la pregunta foco, ya que esta transmite que entiendes que el empleado se enfrenta a diferentes retos y que uno de ellos importa más que los demás.

4. La pregunta base

Pregunta «¿Qué quieres?», al igual que la pregunta foco, la pregunta base y su compañera: «Pero, de verdad, ¿qué quieres?», lo llevarán directamente al reto principal. Considera esta pregunta como la pregunta del desconcierto, porque puede provocar que la persona reaccione con una mirada fija e intentos de empezar a hablar, pero que no diga nada. Esta pregunta no será fácil de responder para los empleados.

La pregunta base tiene que ver directamente con la ilusión común de que quienes participan en una conversación saben lo que todo el mundo quiere lograr. Tú y tu empleado debéis determinar la necesidad que subyace en lo que se quiere.

5. La pregunta de apoyo

«¿Cómo puedo ser de ayuda?». Esta pregunta resulta altamente eficiente, ya que disminuye considerablemente la indecisión y requiere que tu empleado formule una petición directa relacionada con su inquietud. Al utilizar esta pregunta, evitarás precipitarte y abordar el problema de manera inmediata antes de tener una comprensión completa de la situación. La manera en que se plantea esta pregunta es de suma importancia para su efectividad. Una versión más directa sería: «¿Qué esperas que haga?». Si optas por esta última, prepárala con una introducción como: «Solo por curiosidad...», «Para que sea claro...» o «Con el fin de que pueda comprenderlo mejor...».

6. La pregunta estratégica

La pregunta estratégica le pide al empleado que examine las implicaciones de lo que elige. Si haces la pregunta «Si a esto le dices que sí, ¿a qué le dices que no?», le estás pidiendo al empleado que se comprometa con el sí previo. Esto descarta el pretexto popular de «Yo nunca dije que iba a hacer eso». Aquí, de nuevo, el modelo 3P puede ser útil: ¿Qué proyectos deben retrasarse o detenerse? ¿Qué conexiones con otras personas se deben eliminar? ¿Qué ambiciones postergadas debes intentar cumplir y qué hábitos necesitas romper?

7. La pregunta de aprendizaje

Pregunta «¿Qué fue lo más útil para ti?». La pregunta de partida y la pregunta de aprendizaje forman el «marco» del entrenamiento. La pregunta de aprendizaje garantiza que todos encuentren estas reuniones y sesiones significativas. Hacer esta pregunta permite que el empleado logre un momento de aprendizaje valioso. Se enfoca en que el empleado haga una pausa, piense y ponga atención a la información nueva más importante que surja en la conversación. Y es que, generalmente, las conversaciones contienen detalles superfluos. Este tipo de conversaciones frecuentemente no van a ningún lado y solo cansan a los participantes. El entrenamiento de calidad puede poner fin a conversaciones improductivas, divagantes y de poca potencia.

Si haces de estas siete preguntas esenciales el centro de tu hábito de entrenamiento, te ayudarán a trabajar mejor y tener mayor impacto. Para ser un entrenador efectivo, cultiva el sentido de la curiosidad, esto te beneficiará más que cualquier consejo que quieras dar a otros.

Hacer preguntas analíticas es vital para la excelencia en el pensamiento. Cuando analizamos, rompemos un entero en partes. Hacemos esto porque los problemas en un «entero» son con frecuencia una función de problemas en una o más de sus partes. El éxito en el pensar depende, en primer lugar, de nuestra habilidad para identificar los componentes del pensar al hacer preguntas esenciales que enfocan estos componentes. Al fin y al cabo, esto va más de entender y definir el problema que de buscar la solución. Va más de *problem setting* que de *problem solving*. En un mundo que se ha vuelto más complejo, los líderes que tengan la capacidad de establecer un enunciado correcto del problema

—que ayude a resolver la paradoja de la complejidad— tendrán más probabilidades de éxito. En consecuencia, intentar encontrar una solución a un problema mal enunciado es una pérdida de tiempo. En efecto, si haces de la pregunta un hábito, usando el modelo de las siete preguntas esenciales propuesto, esto te ayudará a generar impacto y a hacer crecer a las personas de tu organización.

5.
Las 7 cualidades fundamentales para ser CEO

«Dar de ti menos de lo que en realidad eres
es sacrificar el talento que realmente tienes».

STEVE PREFONTAINE

Era junio de 1995, empezaba mi primera experiencia en empresa como ingeniero, dos días después de acabar mis estudios en la universidad. Todo un reto profesional. Todavía recuerdo las palabras de mi amigo Antonio Vidal: «Supera las expectativas y te irá bien. No te limites a hacer lo que te digan, ve siempre por delante y haz lo correcto».

Este consejo me ha acompañado siempre, y tal vez por esto me ha ido bien en la vida. Y es que no se trata de suerte, se trata de tener la preparación adecuada cuando se presenta la oportunidad y aprovecharla. Porque, como describe Álex Rovira en su libro *La buena suerte*, «la buena suerte es la que también depende de ti». La buena suerte, a diferencia de la suerte a secas que es el azar, es la que tú puedes crear. Y se crea construyendo circunstancias para que lo aparentemente imposible sea posible y lo posible sea cada vez más probable.

Si de verdad quieres llegar a ocupar el puesto más importante de una compañía y asumir el reto y la responsabilidad de liderarla, si de verdad quieres pasar de cero a CEO, debes empezar a pensar como tal. Necesitas tener confianza en tus habilidades si deseas llegar a la cumbre. Y, para ello, la primera persona a la que tenemos que liderar somos nosotros mismos. Para poder liderar a los demás tenemos que ser coherentes con el modelo de liderazgo personal y, sobre todo, trabajar en su evolución.

Ser CEO significa hacer crecer a la empresa y a las personas, crear oportunidades para los demás. Para que las cosas pasen de esa manera, es fundamental crear el entorno adecuado. Sin embargo, también es fundamental encontrar la empresa y el proyecto apropiado para uno mismo, y esta es tu responsabilidad. Te puedes pasar la vida trabajando en el sitio equivocado y no tener la oportunidad de llegar a ser CEO. Esta debería ser tu obsesión, y no tienes que parar hasta realizarla, porque esto no es solamente encontrar un trabajo, también implica crearse una carrera y un rol.

En este sentido, el éxito de una transformación personal u organizacional radica en dos factores: sencillez y acción. Debemos conocer al máximo a nuestro equipo para así saber hasta dónde puede llegar, qué retos podemos ponerle y asegurarnos de que se tienen las capacidades para triunfar. Nuestro equipo es nuestra responsabilidad. Porque, a fin de cuentas, lo que realmente diferencia a un buen líder de un intento de líder es la ejecución. Liderar es influir a los demás para hacer que las ideas se transformen en hechos.

Según mi parecer, la principal tarea del líder es gestionar la incomodidad que genera la incertidumbre, movida por la necesidad de cambio continuo, desde el estado de inseguridad permanente, quizás esta sea la función más crítica de un líder. Y es que el líder no se amedrenta ante la impopularidad que pueden crearle algunas de las medidas que toma o ante acciones que considera necesario llevar a cabo, porque los conflictos son la base fundamental de cualquier proceso de transformación.

Como hemos visto, para alcanzar el rol de CEO desde cero, es fundamental dominar una serie de habilidades clave que permiten no solo dirigir una empresa, sino también inspirar, adaptarse y crecer constantemente. A través de un viaje de desarrollo personal y profesional, estos siete conceptos se erigen como cimientos esenciales para tener éxito como líder:

1. Seguridad en ti mismo

Un líder seguro de sí mismo inspira confianza en su equipo y toma decisiones audaces. La confianza debe estar respaldada por el conocimiento del entorno y por una visión estratégica que guíe el negocio hacia un éxito sostenible.

Un gran líder debe tener la confianza de que conseguirá alcanzar los resultados propuestos. Las personas inseguras no llegan a la cumbre. Los buenos CEO se rodean de personas seguras y que desean ser promovidas. En efecto, un director sin confianza va a hacer que quienes lo rodean se sientan dudosos y nerviosos. Actuar con confianza puede inspirar a otras personas a actuar de la misma manera. Pero, al mismo tiempo, tienes que ser coherente y conocedor del entorno en que se desenvuelve tu modelo de negocio y tener una visión anticipada de los movimientos del sector que permitan en todo momento mantener actualizada la estrategia que garantice la continuidad y supervivencia del negocio.

No hay que olvidar que la seguridad en uno mismo es un atributo crítico para el CEO y otros líderes, ya que tiene un impacto significativo en la forma en que se toman decisiones, se lidera a los equipos y se forja el camino hacia el éxito empresarial. A continuación, ofrezco un desarrollo más detallado sobre este punto:

• Creencia en la visión y los objetivos: un CEO seguro de sí mismo está profundamente arraigado en la visión y los objetivos de la empresa. Esta confianza le permite comunicar de manera efectiva la dirección estratégica y fomentar un sentido compartido de propósito entre los empleados.

• Resiliencia y toma de riesgos: la seguridad en uno mismo impulsa la resiliencia. Los líderes seguros no se desaniman fácilmente ante los obstáculos y las dificultades. Tienen la valentía de tomar riesgos calculados, lo que es esencial para la innovación y el crecimiento en un entorno empresarial en constante cambio.

- Influencia y persuasión: los CEO seguros son capaces de influir en otros de manera positiva. Su confianza en sus propias ideas y decisiones les permite persuadir a los demás con argumentos sólidos y convincentes, lo que facilita la adopción de nuevas estrategias y enfoques.

- Cultivo de equipos de alto rendimiento: los líderes seguros son selectivos al formar sus equipos. Buscan individuos seguros en sus propias habilidades y motivados hacia el crecimiento. Al rodearse de personas con confianza, se crea un ambiente en el que la colaboración, la creatividad y la ejecución efectiva son la norma.

- Inspiración a través del ejemplo: la seguridad en uno mismo es contagiosa. Cuando un líder actúa con confianza, su actitud puede inspirar a los empleados a sentirse más seguros en sus propias capacidades. Esto promueve un ambiente de trabajo en el que todos se sienten empoderados para asumir desafíos y buscar soluciones.

- Conexión con el entorno empresarial: un CEO seguro debe estar al tanto de los cambios en el entorno empresarial y la industria. Esta conciencia les permite anticipar tendencias, identificar oportunidades y desafíos, y adaptar estrategias para mantener la competitividad y la relevancia.

- Coherencia y autenticidad: la confianza debe estar respaldada por autenticidad y coherencia. Un CEO que actúa con confianza genuina y es coherente gana el respeto de los empleados y otros accionistas. La autenticidad genera confianza en sí mismo y en los demás.

• Flexibilidad y adaptabilidad: aunque la confianza es vital, también es crucial ser lo suficientemente flexible como para admitir cuando las cosas no van según lo planeado. Los líderes seguros pueden adaptarse y cambiar de rumbo cuando sea necesario, sin sentir que su confianza se ve comprometida.

En última instancia, la seguridad en uno mismo es un equilibrio delicado entre confianza y humildad. Un CEO seguro no solo tiene fe en sus propias capacidades, sino que también está dispuesto a aprender, a adaptarse y a liderar con empatía y visión estratégica. La confianza se convierte en una herramienta poderosa para forjar relaciones sólidas, impulsar el crecimiento empresarial y guiar a la organización hacia un futuro exitoso.

2. Controla tu actitud

Tener control sobre la actitud es una habilidad esencial para cualquier líder, incluidos los CEO. La capacidad de adaptar y ajustar tu actitud según las circunstancias puede marcar la diferencia en cómo reciben la información o las comunicaciones los empleados, en cómo abordas los desafíos y en cómo inspiras al equipo. Los líderes efectivos son conscientes de que diferentes situaciones requieren diferentes enfoques. Ser capaz de adaptar tu actitud para responder a las necesidades específicas del momento muestra flexibilidad y capacidad para liderar de manera equilibrada. Además, adoptar una actitud adecuada implica entender las emociones y perspectivas de los demás. Ser empático te permite comunicarte de manera más efectiva y conectarte con tus empleados en un nivel emocional. Si alguien está pasando por un momento difícil, una actitud de comprensión puede generar confianza y apoyo. Por ejemplo, mantener una actitud optimista y positiva puede ser contagioso.

Los líderes que irradian entusiasmo y confianza pueden elevar el ánimo del equipo y motivarlo a superar desafíos con determinación y perseverancia. En situaciones de conflicto, una actitud calmada y asertiva puede ser muy efectiva. Mantener la compostura y abordar el conflicto desde una perspectiva objetiva ayuda a resolver problemas de manera constructiva en lugar de que escalen. En este sentido, tu actitud debe reflejar autenticidad. No se trata solo de «actuar» de cierta manera, sino de cultivar una actitud que sea coherente con tus valores y creencias. Una actitud genuina genera credibilidad y confianza en la manera de liderar. Y es que los líderes enfrentan una presión constante y retos inesperados. Mantener una actitud tranquila y positiva frente al estrés no solo beneficiará tu bienestar personal, sino que también influirá en la forma en que tu equipo maneje el estrés y la presión.

En definitiva, la actitud del líder puede influir en la cultura organizativa de una empresa. Si fomenta una actitud de respeto, colaboración y apertura al cambio, es más probable que estos valores se arraiguen en la organización. Mantener una actitud de aprendizaje y crecimiento también es esencial, porque siempre hay oportunidades para aprender, mejorar y crecer como líder. Una actitud abierta a la mejora continua te permite adaptarte a las cambiantes demandas del entorno empresarial.

En resumen, controlar tu actitud te permitirá ser un líder adaptable, empático y motivador. No se trata solo de cómo se siente, sino de cómo eliges responder a diferentes situaciones. Una actitud adecuada puede impactar la moral del equipo, la resolución de problemas y la creación de un entorno de trabajo positivo y productivo.

3. Persistencia

La persistencia es una cualidad fundamental para cualquier líder exitoso, incluidos los ejecutivos y CEO. La capacidad de mantenerse enfocado y superar los obstáculos es lo que a menudo diferencia a los líderes destacados de los demás. La persistencia es un indicador de la determinación y la resiliencia de un líder. Afrontar obstáculos y adversidades con resolución demuestra tu compromiso y voluntad de luchar por sus objetivos, incluso cuando las cosas se ponen difíciles. Los líderes deben estar preparados para enfrentar desafíos y tomar decisiones complicadas. La persistencia permite abordar problemas de manera estratégica y no ceder ante la presión o la incertidumbre.

Es indudable que mantenerse enfocado en una visión a largo plazo requiere persistencia. A medida que trabajas para lograr metas ambiciosas, es probable que aparezcan obstáculos que podrían hacerte abandonar tus objetivos. La persistencia ayuda a mantener el enfoque en el panorama general. La perseverancia de un líder puede ser contagiosa. En este sentido, cuando tu equipo ve que estás dispuesto a enfrentar dificultades y seguir adelante, es más probable que se sientan motivados para enfrentar los desafíos juntos. Como los fracasos y contratiempos son inevitables en los negocios, la persistencia permite ver estas experiencias como oportunidades de aprendizaje en lugar de razones para darse por vencido: cada obstáculo superado te acerca más a la excelencia.

Aunque la persistencia es esencial, también es importante saber cuándo es el momento adecuado para ajustar el enfoque. Si los resultados no están a la altura de las expectativas, un líder persistente debe ser capaz de adaptarse y buscar soluciones alternativas. La persistencia no significa aferrarse obstinadamente a un camino sin importar las circunstancias. Un líder perspicaz sabe cuándo es apropiado desistir de un proyecto o iniciativa que no está dando resultados, minimizando los daños potenciales. La persistencia es un atributo que inspira a otros. Cuando los empleados ven a su líder enfrentar desafíos con tenacidad y determinación, es más probable que sigan su ejemplo y se esfuercen más en su propio trabajo.

En resumen, la persistencia es un pilar esencial del liderazgo efectivo. Aunque es importante ser realista y saber cuándo es el momento adecuado para ajustar o abandonar un proyecto, mantenerse firme y enfocado en la búsqueda de objetivos a largo plazo es lo que impulsa el éxito sostenible en los negocios y en la vida.

4. Mejora continua

La búsqueda constante de conocimiento y habilidades es esencial para un liderazgo dinámico. Aprender de experiencias, interactuar con otros y ajustarse a la adaptabilidad es vital. En este sentido, saca aprendizajes del máximo de ámbitos posibles, así sabrás más sobre tu trabajo. Por ejemplo, puedes conseguirlo conversando con otras personas, analizando sus errores y estudiando las experiencias de otros trabajadores. La búsqueda de la mejora continua es una mentalidad esencial para cualquier líder, incluyendo a los ejecutivos y CEO. La disposición a aprender constantemente y adaptarse a nuevas ideas y enfoques es lo que permite que los líderes se mantengan relevantes y efectivos en un entorno empresarial en constante evolución. A continuación, hay una explicación más detallada sobre el concepto de mejora continua:

• Aprendizaje activo: la mejora continua implica un compromiso activo con el aprendizaje. Esto podría incluir la búsqueda de oportunidades de capacitación formal, la lectura de libros, la participación en cursos en línea o asistir a conferencias y seminarios.

- Interacción y colaboración: aprender de otras personas es una fuente incalculable de conocimiento. Conversar y colaborar con colegas, mentores y expertos de la industria brinda diferentes perspectivas y enfoques que podrían enriquecer tu comprensión y habilidades.
- Análisis de errores: la mejora continua también implica reflexionar sobre los propios errores y fracasos. En lugar de verlos como obstáculos insuperables, considera cómo puedes aprender de ellos y aplicar esas lecciones en el futuro.
- *Benchmarking* y mejores prácticas: observar y estudiar las prácticas exitosas de otras empresas y líderes puede proporcionar ideas valiosas para aplicar en tu propio trabajo. Identificar tendencias y enfoques innovadores permite mantener un liderazgo fresco y relevante.
- Mentoría y asesoramiento: buscar mentores o asesores con más experiencia puede brindar orientación y consejos valiosos. Aprender de su experiencia y conocimiento ayudará a evitar errores comunes y a avanzar más rápido en su camino de liderazgo.
- Escuchar activamente: prestar atención a las opiniones y comentarios de los demás es esencial para la mejora continua. Aprender a escuchar y considerar diversas perspectivas permite tomar decisiones más informadas y equilibradas.
- Adaptabilidad: la mejora continua implica la voluntad de adaptarse y cambiar según las circunstancias. Estar dispuesto a desafiar sus propias creencias y a ajustar sus

enfoques en función de nuevos conocimientos es un signo de liderazgo maduro.

- Innovación y creatividad: la búsqueda de la mejora continua también implica la búsqueda de la innovación y la creatividad en enfoques y soluciones. La voluntad de explorar nuevas ideas y experimentar con enfoques diferentes puede generar resultados sorprendentes.

En resumen, la mejora continua es una filosofía que impulsa el crecimiento y el éxito sostenible en el liderazgo. Mantener una mente abierta, aprender de las experiencias propias y ajenas y aplicar esas lecciones en la toma de decisiones diaria es lo que permite a los líderes evolucionar y prosperar en un entorno empresarial dinámico.

5. Honestidad y ética

Un CEO siempre debe decir la verdad, ser íntegro, justo, autentico y franco. No debe participar en fraudes o artificios para sacar ventaja personal para su empresa. Es importante que discuta los problemas incómodos, para que estos puedan ser resueltos sin exageraciones. De esta forma, es posible obtener una buena reputación. En efecto, la honestidad y la ética son pilares fundamentales para el liderazgo efectivo y para construir relaciones sólidas tanto dentro como fuera de la organización. Ser un líder honesto y ético no solo establece una base sólida para el éxito a largo plazo, sino que también contribuye a una cultura empresarial positiva y respetuosa. Además de lo ya mencionado, a continuación se presentan algunas lecciones sobre honestidad y ética basadas en los principios del libro *Crecer haciendo crecer*, de Xavier Marcet:

- Integridad personal y profesional: la honestidad y la ética reflejan la integridad de un líder. Xavier Marcet resalta la importancia de ser coherente en los valores y acciones, tanto en la vida personal como laboral. La integridad se basa en actuar de manera ética en todo momento, incluso cuando no se está siendo observado.
- Comunicación clara y transparente: ser honesto en la comunicación es fundamental. Un líder ético se comunica con claridad y transparencia, evitando exageraciones o engaños. La comunicación abierta crea confianza en el equipo y fomenta la colaboración y el compromiso.
- Tomar decisiones éticas: Xavier Marcet enfatiza la importancia de tomar decisiones éticas, incluso si son difíciles. Las decisiones basadas en principios éticos pueden no ser siempre las más fáciles, pero a largo plazo fortalecerán la confianza y la reputación de un líder y de su organización.
- Responsabilidad y rendición de cuentas: ser honesto y ético también implica asumir la responsabilidad de tus acciones y de tus decisiones. Asumir la responsabilidad en situaciones tanto positivas como negativas demuestra tu compromiso con la integridad.

- Respeto por los demás: la honestidad y la ética se reflejan en cómo se trata a los demás. Respetar a tus colegas, empleados, clientes y socios comerciales contribuye a un entorno respetuoso y ético en el lugar de trabajo.
- Enfrentar problemas incómodos: como se menciona, los líderes éticos no evitan los problemas incómodos, sino que los abordan de manera directa y honesta. Xavier Marcet defiende la importancia de discutir problemas de manera abierta y buscar soluciones colaborativas.
- Reputación y sostenibilidad: la honestidad y la ética construyen una reputación sólida. Xavier Marcet destaca cómo una buena reputación es un activo valioso para el éxito a largo plazo de una organización. Mantener estándares éticos elevados puede contribuir a la sostenibilidad de la empresa en un mercado competitivo.
- Liderazgo inspirador: un líder honesto y ético se convierte en un modelo a seguir. Su conducta ética puede inspirar a los demás a actuar de manera similar y contribuir a una cultura organizativa en la que los valores éticos sean fundamentales.

En resumen, la honestidad y la ética son primordiales para el liderazgo efectivo y la construcción de una empresa sólida y exitosa. Siguiendo estos principios, no solo cultivarás relaciones de confianza, sino que también crearás una cultura en la que todos se sientan valorados y comprometidos con objetivos compartidos.

6. Pensar antes de hablar

Si uno piensa antes de hablar, es posible controlar lo que se dice y elegir cuidadosamente las palabras. Así, uno puede expresarse para obtener el resultado deseado. Además, puede evitar ser repetitivo y mejorar la oratoria. También es bueno recordar que, a veces, es mejor guardar silencio. Y es que pensar antes de hablar es una habilidad crucial para cualquier líder, ya que tiene un impacto significativo en la comunicación efectiva, la toma de decisiones y la construcción de relaciones positivas. Aquí hay más detalles sobre este punto:

• Comunicación efectiva: tomarse un momento para reflexionar antes de hablar permite que sus palabras sean claras, precisas y relevantes para la situación. La comunicación efectiva es esencial para transmitir ideas, instrucciones y objetivos de manera comprensible.

• Elección cuidadosa de palabras: elegir cuidadosamente tus palabras te permitirá comunicarte de manera estratégica. Esto es especialmente importante en situaciones delicadas o críticas, en las que tus palabras pueden influir en las reacciones y acciones de los demás.

• Evitar malentendidos: a veces la comunicación puede dar lugar a malas interpretaciones que pueden generar conflictos. Si piensas antes de hablar, puedes evitar confusiones y asegurarte de que tu mensaje sea interpretado correctamente.

- Control emocional: tomar un momento para reflexionar ayuda a mantener el control emocional. Evita que las emociones momentáneas influyan en tus respuestas, lo que podría llevar a respuestas impulsivas o reacciones inapropiadas.
- Mejor oratoria: si piensas antes de hablar, puedes organizar sus pensamientos de manera más coherente y estructurada. Esto mejora tu capacidad para expresarte de manera efectiva y convincente, ya sea en una presentación, en una reunión o en una conversación informal.
- Evitar repetición y verborrea: pensar antes de hablar permite evitar la repetición excesiva y la verborrea. También ayuda a transmitir ideas de manera concisa y evitar que los puntos clave se diluyan en discursos largos y redundantes.
- Reacción meditada: se puede tomar un breve momento para pensar antes de hablar, incluso en situaciones en las que se requiere una respuesta inmediata. Esto permite ofrecer una respuesta considerada en lugar de una reacción impulsiva.
- Valor del silencio: como ya se ha mencionado, a veces es más sabio guardar silencio. El silencio puede ser poderoso y permite dar espacio para la reflexión tanto personal como para los demás. Este proporciona un respiro en las conversaciones y permite que las ideas se desarrollen.

En resumen, pensar antes de hablar es una práctica esencial para un liderazgo eficaz. Ayuda a comunicarse con claridad, precisión y empatía, lo que fomenta relaciones positivas y contribuye a la toma de decisiones informadas. La capacidad de controlar tus palabras y expresarte de manera efectiva es un atributo fundamental para cualquier líder que busque influir y guiar a otros de manera exitosa.

7. Originalidad

Los buenos CEO consiguen expresar su imaginación, es decir, ser innovadores y originales. Este rasgo vital es la base para el desarrollo humano y necesario para responder a los cambios. En efecto, la originalidad es una característica esencial para los líderes, especialmente para los CEO y ejecutivos de alto nivel. La capacidad de pensar de manera innovadora y creativa es lo que permite a los líderes destacarse en un entorno empresarial en constante evolución. A continuación, se explica en detalle este punto:

- Innovación como diferenciador: la originalidad distingue a los líderes de los seguidores. Los CEO que pueden generar ideas frescas y novedosas están mejor posicionados para liderar la innovación y diferenciar a su empresa en el mercado.

- Fomentar la innovación: los CEO originales no solo son innovadores, sino que también fomentan una cultura de la innovación en sus equipos y organizaciones. Inspirar a otros a pensar de manera creativa contribuye al crecimiento y a la adaptación continuos.

- Adaptabilidad a los cambios: la originalidad les permite a los líderes adaptarse a cambios con mayor facilidad. En un mundo empresarial en constante transformación, la capacidad de generar nuevas ideas y enfoques puede ser la clave para mantenerse relevante y competitivo.

- Generación de soluciones creativas: los desafíos empresariales a menudo requieren soluciones fuera de lo común. Los CEO originales son capaces de pensar más allá de las soluciones convencionales y encontrar enfoques creativos y efectivos para los problemas.

- Inspiración para la creatividad: los líderes que valoran la originalidad inspiran a sus equipos a ser creativos. Al dar importancia a las ideas únicas y fomentando la experimentación, se crea un entorno en el que la innovación florece.

- Anticipación de tendencias: los CEO originales pueden anticipar tendencias emergentes y reconocer oportunidades antes que otros. Estar adelante de la curva a menudo requiere la capacidad de imaginar cómo podría evolucionar un mercado o una industria.

- Competitividad sostenible: la originalidad contribuye a una ventaja competitiva sostenible. Las empresas que están dispuestas a desafiar el *statu quo* y a explorar nuevas ideas están mejor posicionadas para adaptarse a las cambiantes demandas del mercado.

- Contribución al desarrollo humano: como ya se ha mencionado, la originalidad es una base para el desarrollo humano. Los líderes que fomentan la originalidad en sus equipos ayudan a sus empleados a crecer, aprender y alcanzar su máximo potencial.

En resumen, la originalidad es un atributo esencial para los CEO y líderes en cualquier nivel. Fomentar la creatividad, inspirar la innovación y liderar con enfoques únicos no solo impulsa el éxito empresarial, sino que también contribuye al desarrollo humano y al avance de su industria. En definitiva, los mejores directivos son las mejores personas: si contribuyes a crear organizaciones de las que tus empleados se sientan orgullosos, estarás contribuyendo también a crear empresas más rentables y duraderas.

Al aplicar estas siete claves, no solo se avanza hacia el rol de CEO, sino que también se forja un camino de crecimiento personal y profesional que impulsa el éxito a largo plazo. Un líder que comprende y cultiva estas habilidades no solo guiará una empresa, sino que también influirá en la cultura organizativa, dejando una huella duradera en la industria y en el desarrollo de su equipo.

6.
Las 7 herramientas que todo CEO debe conocer y aplicar

«Cuando algo es lo suficientemente importante, hazlo igualmente, aunque las probabilidades no estén a tu favor».

ELON MUSK

En este capítulo propongo algunas herramientas que han cambiado mi modo de ver los negocios y que, sobre todo, me han ayudado durante mi desarrollo profesional. Digamos que han llegado en el momento adecuado para poder darme la solución que necesitaba en cada contexto. Siempre movido por la curiosidad de pensar de manera diferente para obtener resultados diferentes, he ido conociendo, usando e interiorizando estas herramientas que ahora te presento. Como verás, algunas son muy extendidas y conocidas, pero a mi juicio infravaloradas por su potencial con respecto a la reflexión que pueden aportar si se usan adecuadamente para escalar los modelos de negocios. A continuación te las presento por orden de implementación y uso.

1. JTBD

En el mundo empresarial actual, definir una propuesta de valor sólida y coherente es esencial para el éxito de cualquier proyecto o empresa. Una herramienta poderosa que ha ganado relevancia en este aspecto es el «Job to be Done» (JTBD), que en español se traduce como «trabajo por hacer». El JTBD es mucho más que una simple estrategia: es una metodología profunda que permite comprender las verdaderas necesidades y deseos de los clientes, lo que a su vez ayuda a diseñar productos y servicios que resuelvan problemas reales y generen valor. En esta sección, exploraremos cómo el concepto de JTBD puede ser una brújula para definir una misión, crear coherencia estratégica y comunicativa en un proyecto y, finalmente, alcanzar el éxito en un mercado altamente competitivo.

El concepto de JTBD se basa en un principio fundamental: las personas no compran productos o servicios en sí, sino que buscan soluciones para completar tareas o trabajos específicos en sus vidas. Por ejemplo, alguien que compra un taladro no está buscando el taladro en sí, sino la capacidad de perforar agujeros en diferentes superficies. El JTBD se enfoca en identificar y comprender estos trabajos o tareas que los clientes están tratando de realizar.

Esta perspectiva cambia la forma en que las empresas abordan la creación de productos y servicios. En lugar de concentrarse únicamente en las características y especificaciones, el enfoque se traslada hacia cómo estas características satisfacen las necesidades del cliente. Al comprender el trabajo subyacente, las empresas pueden diseñar soluciones que sean verdaderamente relevantes y valiosas para los clientes.

Uno de los aspectos más desafiantes para cualquier empresa es definir su propuesta de valor única y su misión. Aquí es donde el JTBD entra en juego de manera fundamental. Al identificar los trabajos que los clientes están tratando de hacer, las empresas pueden alinear su propuesta de valor de manera coherente. En lugar de depender únicamente de características o ventajas competitivas genéricas, se pueden concentrar en cómo su producto o servicio aborda específicamente las necesidades y los deseos del cliente.

El JTBD también puede ser una guía para definir la misión de la empresa. Una vez que una organización comprende cuál es el trabajo que realmente está haciendo para sus clientes, esta puede articular una misión que refleje la importancia de ese trabajo. Esto proporciona una base sólida para la toma de decisiones estratégicas y ayuda a mantener el enfoque en lo que realmente importa.

Uno de los mayores desafíos para cualquier proyecto o empresa es mantener la coherencia en todos los aspectos de su estrategia y comunicación. El JTBD proporciona una estructura clara para lograr esta coherencia. Una vez que se comprende el trabajo que los clientes están tratando de hacer, se puede alinear cada aspecto del negocio en torno a esa comprensión central.

En el nivel estratégico, esto significa que las decisiones sobre desarrollo de productos, mercadeo, ventas y servicio al cliente se basan en la comprensión del trabajo del cliente. Esto evita desviaciones y asegura que cada parte del negocio contribuya a la realización de ese trabajo. En términos de comunicación, el mensaje se vuelve más claro y relevante, ya que se enfoca en cómo el producto o servicio satisface directamente una necesidad específica del cliente.

En un mercado altamente competitivo y en constante evolución, el enfoque en el JTBD puede marcar la diferencia entre el éxito y el fracaso. Al comprender verdaderamente las necesidades y deseos de los clientes y diseñar soluciones que resuelvan problemas reales, las empresas pueden crear una ventaja competitiva sostenible. Además, la coherencia resultante en la estrategia y la comunicación aumenta la confianza del cliente y fortalece la marca.

En conclusión, JTBD es mucho más que una herramienta, es una filosofía que impregna toda la estrategia empresarial. Al adoptar este enfoque, las empresas pueden definir con precisión su propuesta de valor, establecer una misión coherente y lograr un impacto significativo en un mercado cada vez más exigente. Con el método JTBD no solo se trata de entender lo que los clientes quieren, sino de comprender por qué lo quieren, lo cual finalmente lleva a un éxito duradero.

2. Vision Canvas

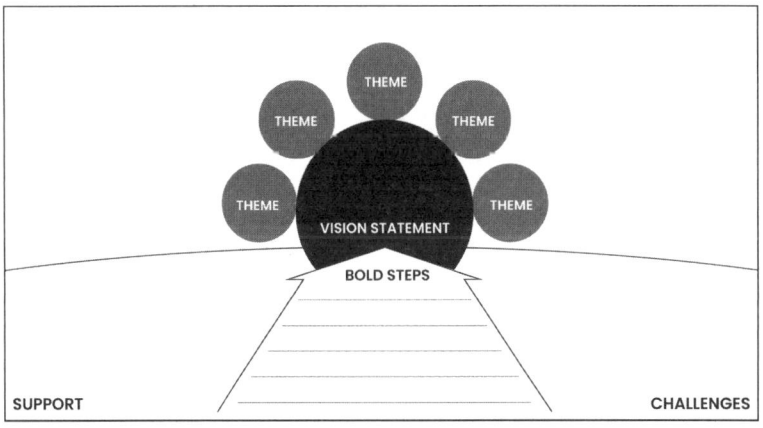

El Vision Canvas o «lienzo de la visión» es una herramienta estratégica que permite codiseñar y comunicar la visión de manera efectiva, junto con cinco pasos audaces para lograrla. En este artículo exploraremos cómo el lienzo de la visión puede ser un activo invaluable para definir la dirección de una empresa, identificar oportunidades y dificultades y derivar criterios de diseño para el modelo de negocio y la estrategia.

Una declaración de visión es más que una simple descripción del futuro deseado de una empresa. Es el faro que guía todas las decisiones estratégicas y la planificación a largo plazo. Al crear una declaración de visión, se da forma y voz a los sueños de la empresa, estableciendo una meta inspiradora que unifica y motiva a todo el equipo. Ya sea aplicable a toda la organización o a una división específica, la declaración de visión responde a la pregunta fundamental: «¿A dónde queremos llegar?».

El lienzo de la visión es una herramienta poderosa que condensa todos los elementos clave de una visión estratégica en una única hoja de papel. Esto lo convierte en una herramienta fácil de compartir y comprender para todos los miembros del equipo. Sus componentes incluyen:

* Acciones (Bold Steps): los pasos audaces necesarios para lograr la visión. Estos son los caminos concretos que la empresa debe seguir para alcanzar sus objetivos a largo plazo.
* Apoyo (Support): los recursos, las capacidades y los activos que respaldarán la realización de la visión. Esto podría incluir tecnología, talento humano, capital y más.
* Oportunidades (Themes): las posibilidades que se abren al trabajar para lograr la visión. Identificar oportunidades permite que la empresa las aproveche y se mantenga ágil en un entorno empresarial en constante cambio.
* Desafíos (Challenges): los obstáculos que podrían dificultar el éxito de la visión. Reconocer los desafíos desde el principio ayuda a planificar estrategias para superarlos.
* Visualización (Vision Statement): crear una representación gráfica de la visión basada en el lienzo de la visión, lo que facilita la comunicación y la difusión de la dirección estratégica.

Una visión sólida y audaz no puede realizarse únicamente en el papel, también requiere la participación activa de las personas adecuadas. Esto incluye a los encargados de tomar las decisiones clave, pero también a todos los miembros del equipo. Sin acciones concretas respaldadas por un equipo comprometido, la visión carece de sustancia. Los «embajadores» de la visión son esenciales para transmitir su importancia y motivar a otros a participar en su realización.

Uno de los beneficios más valiosos del lienzo de la visión es su capacidad para derivar criterios de diseño para el modelo de negocio y la estrategia. Al comprender los apoyos necesarios, las oportunidades y los desafíos, la empresa puede tomar decisiones informadas sobre cómo estructurar su modelo de negocios y estrategia para lograr la visión. Además, la visualización de la visión genera una imagen compartida y comprensible de la dirección a seguir.

En resumen, el lienzo de la visión se erige como una herramienta esencial para transformar una declaración de visión en una realidad palpable. Su capacidad para sintetizar todos los aspectos críticos de la visión en una hoja de papel lo hace invaluable para la comunicación, la planificación estratégica y la toma de decisiones informadas. Al involucrar a las personas adecuadas y derivar criterios de diseño, el lienzo de la visión se convierte en una brújula que guía a las organizaciones hacia un futuro audaz y exitoso.

3. Análisis PESTEL

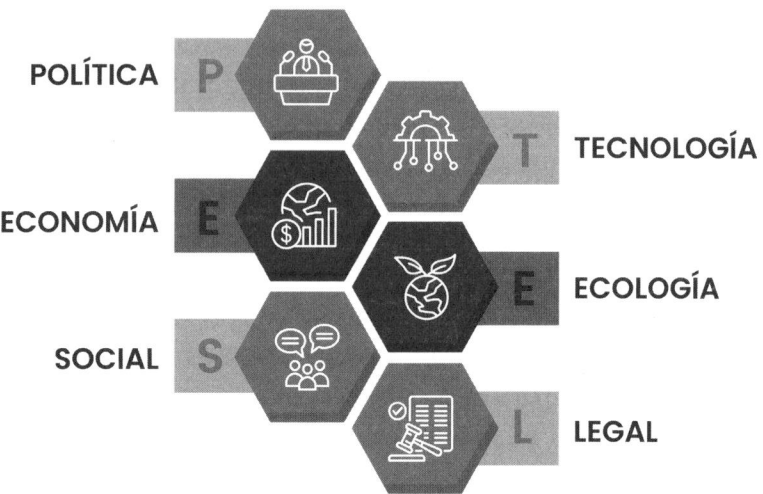

Una herramienta clave que ha demostrado ser valiosa en esta tarea es el análisis PESTEL. Esta metodología permite explorar y evaluar los factores políticos, económicos, sociales, tecnológicos, ambientales y legales que influyen en el funcionamiento de una organización.

En este capítulo exploraremos en profundidad qué es el análisis PESTEL, cómo se utiliza y por qué es fundamental para el éxito empresarial. En primer lugar hay que definirlo: el análisis PESTEL es un marco analítico que descompone el entorno empresarial en seis categorías interconectadas:

• Factores políticos: estos factores abarcan las políticas gubernamentales, la estabilidad política, las regulaciones comerciales, la política fiscal y otros aspectos relacionados con el Gobierno. Las decisiones políticas pueden influir en las operaciones y estrategias de las empresas, y es esencial entender cómo pueden afectar el entorno empresarial.

- Factores económicos: incluyen indicadores económicos como tasas de crecimiento económico, inflación, tasas de interés y desempleo. Estos factores impactan la demanda de productos y servicios, así como la capacidad de una empresa para operar y crecer en el entorno económico que corresponda.

- Factores sociales: comprender las tendencias demográficas, valores culturales, preferencias de los consumidores y cambios en el comportamiento social es crucial para adaptar las estrategias de *marketing* y productos a las necesidades cambiantes de la sociedad.

- Factores tecnológicos: la innovación tecnológica y la adopción de nuevas tecnologías pueden transformar industrias enteras. El análisis de estos factores permite a las empresas identificar oportunidades para la mejora de procesos, la creación de nuevos productos y la optimización de la cadena de valor.

- Factores ambientales: con el aumento de la conciencia ambiental, los factores relacionados con el medioambiente —como la sostenibilidad, la responsabilidad social corporativa y las regulaciones ambientales— son cada vez más importantes para el éxito y la reputación de una empresa.

- Factores legales: las leyes y regulaciones pueden tener un impacto significativo en las operaciones y la estrategia de una empresa. Comprender los aspectos legales, desde regulaciones de la industria hasta leyes laborales, es esencial para evitar riesgos y asegurarse de que las prácticas comerciales sean adecuadas.

El proceso de realizar un análisis PESTEL implica:

• Identificación de factores relevantes: identificar los factores clave en cada una de las seis categorías que podrían afectar a la empresa. Esto requiere una investigación exhaustiva y una comprensión profunda del entorno.
• Evaluación de impacto: evaluar cómo cada factor podría impactar en la empresa de manera positiva o negativa. Esto implica considerar tanto las oportunidades como los riesgos asociados.
• Priorización y planificación: clasificar los factores de acuerdo con su importancia y probabilidad de ocurrencia. Luego, desarrollar planes de acción y estrategias para abordar los impactos identificados.

El análisis PESTEL permite a las empresas:

• Anticipar cambios: al comprender las tendencias y factores en cada categoría, las empresas pueden anticipar cambios en el entorno y ajustar sus estrategias en consecuencia.
• Mitigar riesgos: identificar riesgos potenciales y tomar medidas preventivas para evitar posibles problemas futuros.

- Identificar oportunidades: reconocer oportunidades emergentes y adaptar las operaciones y productos para aprovecharlas.
- Informar decisiones estratégicas: proporcionar información crítica para la formulación de estrategias y la toma de decisiones informadas.
- Mejorar la planificación a largo plazo: ayudar en la planificación a largo plazo al considerar los posibles cambios en el entorno que podrían afectar a la viabilidad de las estrategias actuales.

El análisis PESTEL es una herramienta esencial para comprender el entorno empresarial en toda su complejidad. Al considerar los factores políticos, económicos, sociales, tecnológicos, ambientales y legales, las empresas pueden tomar decisiones informadas, anticipar desafíos y aprovechar oportunidades emergentes. En un mundo empresarial en constante cambio, el análisis PESTEL se convierte en una brújula que guía a las organizaciones hacia un futuro exitoso y sostenible.

4. CanvaSWOT

Decía Alex Osterwalder, el creador del famoso lienzo para crear modelos de negocio CanvaSWOT, que «un modelo de negocio es una descripción de como una organización crea, entrega y captura valor». Desde mi experiencia y después de haber modelizado diferentes propuestas de valor, en diferentes mercados, para distintos productos y segmentos de clientes, en entornos culturales por todo el mundo, la combinación de estos conceptos aporta a nivel práctico un método de análisis ágil, visual y sencillo, pero muy potente, que permite definir oportunidades para hacer sobresalir su negocio frente a la competencia.

Esto es lo que sucede cuando el Business Model Canvas se encuentra con el SWOT:

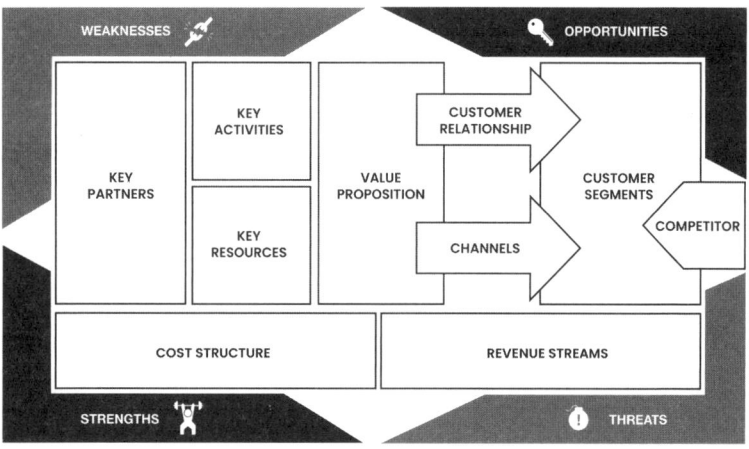

El CanvaSWOT te permite modelizar la propuesta de valor de tu negocio actual teniendo en cuenta:

• El segmento de clientes (Customer Segment o CS).
• Propuesta de valor (Value Propositions VP).
• Canal (Channels CH).
• Relación con el cliente (Customer Relationship CR).
• Fuentes de ingresos (Revenue Streams RS).

- Recursos clave (Key Resources KR).
- Actividades clave (Key Activities KA).
- Socios clave (Key Partnership KP).
- Estructuras de costos (Cost Structure CS).

Y además relacionar estos conceptos sobre el mismo lienzo con dos tipos de análisis:

- Análisis interno: debilidades y fortalezas de tu organización.
- Análisis externo: amenazas y oportunidades del mercado. Sin olvidar a la competencia, por supuesto.

Toda estrategia tiene como objetivo hacer irrelevante al competidor frente a los clientes, por lo tanto, es fundamental tener presente esta figura en todo análisis de un modelo de negocios.

5. Matriz de ambición innovadora

La matriz de ambición innovadora es un enfoque utilizado en la gestión estratégica y la planificación empresarial para evaluar y visualizar oportunidades y objetivos de innovación. Esta matriz ayuda a las organizaciones a identificar y priorizar proyectos y áreas de enfoque que tienen el potencial de generar innovaciones significativas y diferenciadoras en sus productos, servicios o procesos.

Creada por el Boston Consulting Group (BCG), su propósito es equilibrar los esfuerzos entre diferentes tipos de innovación para maximizar el crecimiento y la competitividad a largo plazo. La matriz divide las iniciativas de innovación en tres categorías principales:

- Innovación core: esta categoría se enfoca en mejorar y optimizar los productos, servicios o procesos existentes. Es el tipo de innovación menos arriesgado y suele generar mejoras incrementales en la eficiencia y en la calidad.
- Innovación adyacente: se refiere a la expansión hacia nuevas áreas que están relacionadas con el negocio principal. Esto puede incluir la entrada a nuevos mercados o la adaptación de productos existentes para nuevos segmentos de clientes. Representa un nivel de riesgo moderado.
- Innovación transformacional: aquí se incluyen iniciativas que buscan crear productos, servicios o modelos de negocio completamente nuevos y disruptivos. Este tipo de innovación tiene el mayor nivel de riesgo, pero también el potencial de generar las mayores recompensas.

El modo de usar la matriz de ambición innovadora comienza con una evaluación de la cartera actual. Una vez identificadas todas las iniciativas de innovación actuales y clasificándolas en una de las tres categorías de la matriz, se analiza cómo se distribuyen estas. Un portafolio equilibrado suele tener una combinación de todas ellas, adaptada a la estrategia y objetivos de la empresa. Después, determina si hay una sobreconcentración en alguna categoría que podría limitar el crecimiento o aumentar el riesgo. A continuación, establece objetivos claros para cada categoría en línea con la estrategia global de la empresa y distribuye los recursos (financieros, humanos, tecnológicos) de acuerdo con los objetivos establecidos, asegurando que las iniciativas de mayor riesgo y recompensa tengan el apoyo necesario.

Los beneficios de la matriz de ambición innovadora son:

- Equilibrio y diversificación del riesgo: ayuda a las empresas a evitar el exceso de concentración en un solo tipo de innovación, distribuyendo el riesgo y las oportunidades.
- Visión estratégica a largo plazo: fomenta una visión a largo plazo al incluir innovaciones transformacionales que pueden ser cruciales para el futuro crecimiento.
- Asignación eficiente de recursos: permite una mejor asignación de recursos según la prioridad y el potencial de cada tipo de innovación.

En resumen, la matriz de ambición innovadora de BCG es una herramienta valiosa para que las empresas gestionen y equilibren sus esfuerzos de innovación, asegurando que inviertan en mejoras incrementales, expansiones adyacentes y transformaciones disruptivas de manera equilibrada y estratégica.

Desde mi experiencia, es el primer paso para crear una organización ambidiestra, es decir, una organización que se ocupa de la explotación de las oportunidades que ya tiene y que explora para crear oportunidades futuras.

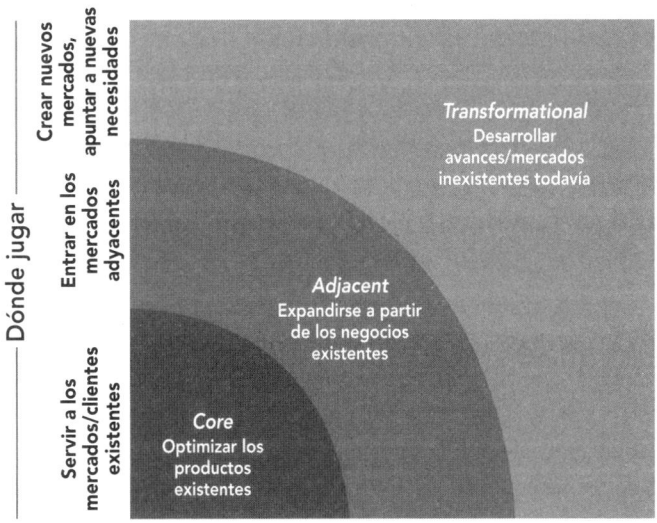

6. *Financial model*

En el vertiginoso mundo empresarial, mantener una salud financiera sólida es esencial para la supervivencia y el éxito a largo plazo. Pero ¿cómo se logra esa estabilidad? Aquí es donde entra en juego el *financial model* o modelo financiero, una herramienta estratégica que reúne elementos clave como EBITDA (*Earnings Before Interest Taxes Depreciation, and Amortization*), flujo de efectivo, liquidez y liquidación. En este artículo exploraremos cómo este modelo se convierte en una brújula para dirigir el enfoque hacia los resultados vitales de un negocio y garantizar su salud financiera en un entorno empresarial desafiante.

El *financial model* es un enfoque integral que se basa en una combinación de elementos críticos del mundo financiero. A continuación vamos a sumergirnos en estos conceptos.

BRÚJULA DEL CEO

VALOR DE LA EMPRESA

N

FLUJO DE FONDOS   ESTADO PATRIMONIAL

W   *E*

S

CUENTA DE RESULTADOS

- Valor de la empresa: se basa en un indicador construido a partir de un multiplicador del EBITDA; este indicador representa las ganancias operativas antes de deducir los intereses, impuestos, depreciación y amortización. Es un elemento clave para evaluar la rentabilidad operativa de una empresa y su capacidad para generar beneficios antes de los gastos no operativos.

- Flujo de caja: el flujo de efectivo refleja el movimiento de dinero dentro y fuera de la empresa. Es vital para entender cómo se manejan los ingresos y los gastos en el tiempo, lo que es esencial para asegurar la solidez financiera y la capacidad de la empresa para hacer frente a sus obligaciones. Es el resultado de la explotación del negocio, descontando el capital invertido.

- Estado patrimonial: el estado patrimonial de una empresa se describe brevemente a través del balance general o balance de situación. Este documento financiero ofrece una instantánea de la situación financiera de la empresa en un momento específico, mostrando lo que posee y lo que debe. Se divide en tres partes fundamentales: activo, pasivo y patrimonio neto.

- Cuenta de resultados: la cuenta de resultados de una empresa, también conocida como estado de resultados o estado de ganancias y pérdidas, es un informe financiero que muestra los ingresos, gastos y beneficios de la empresa durante un período específico. Describe los ingresos y los gastos sostenidos por la empresa para calcular el beneficio.

La fuerza del *financial model* radica en su capacidad para combinar estos elementos clave en una única estrategia financiera. Al considerar el EBITDA junto con el flujo de efectivo, una empresa puede entender no solo cuánto gana, sino también cómo fluye el dinero a través de su operación, garantizando que haya suficiente efectivo disponible para cumplir con las obligaciones.

Este enfoque integral actúa como una brújula para la salud financiera. Ayuda a las empresas a mantener el enfoque en lo que realmente importa, ya que equilibra la cuenta de resultados con el balance y los flujos de efectivo. En un entorno empresarial cambiante, el *financial model* se convierte en un mapa para tomar decisiones informadas, garantizando que la empresa pueda enfrentar tanto los desafíos como las oportunidades.

Para pilotar una compañía es fundamental mantener un ojo en el flujo de caja. Los resultados son importantes, pero la tutela de la liquidez de la empresa es fundamental. La liquidez en la empresa es como el oxígeno para nuestro cuerpo.

Te aconsejo montarte un cuadro de mandos sencillo que alimente la brújula y te permita decidir en todo momento si mantener el rumbo o virar... antes de que sea demasiado tarde.

7. Design thinking

El *design thinking* es una metodología centrada en el usuario para resolver problemas y desarrollar soluciones innovadoras, que fomenta la creatividad, la colaboración y un enfoque iterativo. Este brinda instrumentos para ofrecer un valor basado en la innovación con coherencia y sentido. Para hacerlo simple, desde mi punto de vista, el pensamiento de diseño permite resolver un problema, centrándose en las personas usando las tecnologías disponibles y creando/mejorando modelos de negocio.

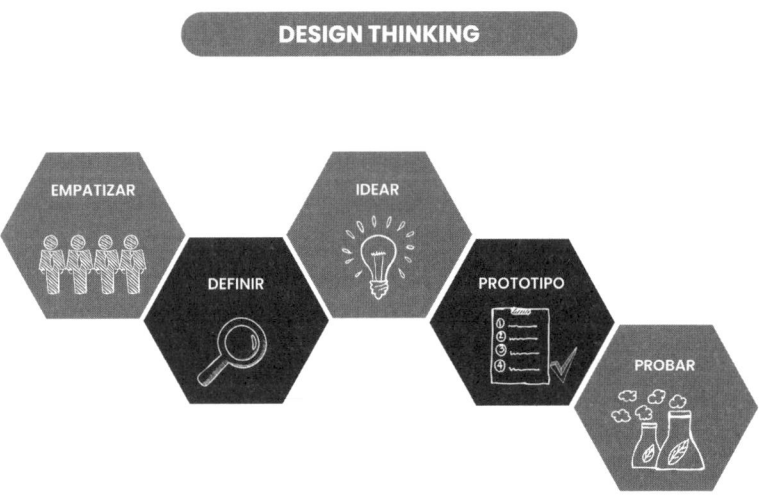

En noviembre de 2015, tuve la suerte de formarme y certificarme en el uso de esta potente herramienta. Fue una experiencia transformadora. Se trataba de un curso organizado por CPS, liderado por Juan Prego en la Puerta del Sol de Madrid en una sala de hotel, donde solo había para comer nueces y pasas. Para Juan, era fundamental mantener la actividad cerebral en su máxima expresión y las comidas copiosas ponían en dificultad este requisito. Rápidamente nos explicó la metodología, nos dio algunos instrumentos y luego nos entregó un sobre: dentro del sobre había 20 €. Ese era todo el presupuesto para idear un nuevo modelo de negocio que solucionara un gran problema a la humanidad usando las tecnologías existentes. La formación consistía en idearlo, prototiparlo, ir a la calle, repito: Puerta del Sol en Madrid, y testarlo para mejorar y pivotar rápidamente. Sin duda una formación transformadora que recuerdo con gran cariño y de la que saco esta breve reflexión: «Falla rápido y barato».

El *design thinking* es una metodología centrada en el usuario que busca resolver problemas complejos de una manera innovadora y creativa. Se caracteriza por ser un enfoque iterativo y colaborativo, que combina el pensamiento analítico y el pensamiento intuitivo para desarrollar soluciones efectivas y prácticas. El proceso de *design thinking* se estructura como he anticipado en cinco etapas principales:

1. *Empatizar*
   • Objetivo: comprender profundamente necesidades, deseos y comportamientos de los usuarios finales.
   • Actividades: observación directa, entrevistas, encuestas, creación de mapas de empatía.
   • Resultado: una comprensión clara de las perspectivas y experiencias del usuario.

2. *Definir*
   • Objetivo: articular claramente el problema o desafío basado en las necesidades del usuario descubiertas en la fase de empatía.
   • Actividades: análisis de datos recogidos, síntesis de información, creación de un enunciado del problema.

- Resultado: un problema bien definido que guiará las fases de ideación y prototipado.

3. *Idear*
   - Objetivo: generar una amplia gama de ideas y posibles soluciones al problema definido.
   - Actividades: lluvia de ideas (*brainstorming*), técnicas de pensamiento lateral, mapas mentales, *sketching*.
   - Resultado: una colección de ideas innovadoras y creativas.

4. *Prototipar*
   - Objetivo: construir versiones tangibles y rápidas de las ideas para explorar su viabilidad y recibir retroalimentación.
   - Actividades: creación de maquetas, modelos físicos, *wireframes*, *storyboards*.
   - Resultado: prototipos que se pueden probar y mejorar.

5. *Probar*
   - Objetivo: evaluar los prototipos con usuarios reales para obtener *feedback* y entender su impacto.
   - Actividades: pruebas de usuario, recopilación de *feedback*, análisis de resultados.
   - Resultado: información valiosa sobre lo que funciona, lo que no y cómo mejorar la solución.

A continuación te dejo algunos de los beneficios del *design thinking*.

- Centrado en el usuario: al poner las necesidades y experiencias del usuario en el centro del proceso, las soluciones desarrolladas son más relevantes y efectivas.
- Colaborativo: fomenta la participación y colaboración de equipos multidisciplinarios, lo que enriquece el proceso creativo y aporta diversas perspectivas.
- Iterativo: permite probar y refinar ideas rápidamente, minimizando riesgos y costos al identificar y corregir errores en etapas tempranas.
- Innovador: promueve la creatividad y el pensamiento fuera de lo convencional, generando soluciones originales y efectivas.

7.
Los 7 pasos finales para llegar a ser CEO

«Lo simple puede ser más duro que lo complejo: tienes que trabajar muy duro para pensar y hacerlo simple. Pero al final merece la pena porque cuando llegas ahí puedes mover montañas».

STEVE JOBS

Para finalizar, me gustaría mencionar algunas recomendaciones que considero fundamentales para crecer y destacar profesionalmente.

1. Ocúpate de ser bueno en tu trabajo y estar dispuesto a ayudar a los demás

Ser eficiente en tu trabajo tiene dos facetas: conocimiento bruto, que es la excelencia técnica, y la parte más ligera, que es la habilidad para relacionarse con otras personas. Si eres bueno al tratar a la gente, consigues aprender los detalles técnicos. La clave para el éxito es conseguir la información que se necesita de las personas. Para ello, se necesita la habilidad de entender a las personas e influenciarlas efectivamente. Puedes ser especialista en algunas áreas importantes de tu compañía, como *marketing*, ingeniería o tecnología. Entonces, puedes partir de ese conocimiento para aprender sobre las otras áreas.

2. Lucha por tu equipo

Siempre se debe estar listo para luchar por tu equipo y apoyarlo. Debes respaldar y dar crédito a las personas si deseas que ellas te ayuden y te den crédito.

3. Siempre debes estar dispuesto a admitir tus errores

Si cometes un error, debes estar siempre dispuesto a admitirlo. De esta manera, puedes corregirlo y seguir adelante. Un error repetido demuestra falta de atención a los detalles o una mala actitud. Sin embargo, a pesar de reconocer el error, no se debe aceptar fácilmente.

4. Comunícate de manera directa

Comunícate de forma clara y sé directo con otras personas. Escribe o habla de una manera sencilla y fácil. Da instrucciones claras a tus colaboradores. Además, una conversación franca y directa inspira a otras personas a actuar de la misma forma contigo, lo que disminuye la posibilidad de que se produzcan confusiones en la comunicación. En definitiva, tener una buena narrativa significa ser bueno contando historias y anécdotas para ayudar en la comunicación. Se puede dramatizar un ejemplo o utilizar imágenes para ser más claro, más memorable y útil con las personas.

5. Sé amable

Ser amable con los demás ayuda a convivir con las personas en la medida que se asciende hacia una posición de liderazgo. Puedes tomar decisiones duras y exigir que el trabajo se haga, pero si se es amable con las personas, estas serán más receptivas. A continuación, te dejo algunos consejos potentes extraídos del libro *El poder oculto de la amabilidad*, de Lawrence Lovasik:

- Tómate la molestia de hacer cosas por los demás.
- Recuerda siempre los nombres de las personas.
- No te tomes a ti mismo demasiado en serio.
- Oblígate a sonreír.

- Observa siempre lo bueno del prójimo.
- Sé amable con las personas que despiertan tu envidia.
- La irritabilidad es una debilidad de carácter.
- Si queremos que los hombres sean mejores, debemos pensar mejor de ellos.
- El orgullo representa un obstáculo para la humildad.
- El que no ama permanece en la muerte.
- La reputación de una persona es su posesión más valiosa.
- Evita la crítica destructiva, intenta comprender a los demás.
- Sé rápido en alabar y lento en corregir.
- Elogia con sinceridad y honradez.
- Aprende a escuchar y hablar con amabilidad.
- La amabilidad ayuda a despojar del egoísmo.
- Procura que la amabilidad rija tu vida.

6. Muestra curiosidad, haz preguntas y escucha

Ser curioso e inquisitivo también es muy importante porque, al hacer preguntas, se consigue aprender más cosas. Busca respuestas sobre cualquier cosa que no comprendas perfectamente. Construye tus preguntas de manera adecuada. Si las consultas parecen ataques, las personas pueden ponerse a la defensiva.

7. Sé competitivo

También se necesita ser competitivo, ya que es importante contar con un espíritu sano de lucha. Esto ayuda en tu crecimiento personal y profesional, además de permitir pasar por encima de obstáculos y conseguir victorias. Sin embargo, escoge bien tus batallas, lucha solo en aquellas en las que valga la pena batirse. No entres en combates destructivos, ya que puede que debas trabajar con tus oponentes en el futuro.

Epílogo

Es muy difícil, más de lo que parece, poner palabras a la propia experiencia. Es todavía más difícil configurarla en un modelo integral. Es un proceso inductivo más que deductivo. Es pasar de estar a pie de máquina a estar frente al teclado que nos permite escribir lo que pensamos. Es salir de una reunión y anotar cuatro ideas que nos inspira algo que un día será un modelo propio, singular. Creo que el ejercicio de Francisco Sánchez en este libro tiene un gran mérito. El *management* ha avanzado gracias a personas como él. Y el camino entre lo metódico y lo espontáneo, entre la razón y la intuición, no es tan fácil de plasmar. Por eso, mi recomendación con la propuesta de Francisco Sánchez no es seguir necesariamente todos los puntos que a para él han tenido sentido, sino inspirarse en su esquema para crear un esquema propio. Es decir, este libro se puede ver como una guía, paso a paso, o como un mapa que nos invita a diversos itinerarios personales.

La inspiración nacida de la experiencia es la gran aportación de este libro. El *management* no se nutre de cánones, sino de gente que toma decisiones. Cada empresa es distinta, porque detrás tiene una comunidad de personas diferentes. Y, por ello, conocer la experiencia de otros, más que servirnos para reproducirla en detalle, nos sirve de inspiración. Ojalá tuviéramos muchos más ejemplos de CEO que escriben. Para escribir hay que pensar antes. Los líderes piensan, no mimetizan. Se inspiran para inspirar.

Hay un triángulo básico que se configura por liderazgo-aprendizaje-legado. Es un triángulo que aplica perfectamente a Francisco. Liderar, porque con mandar no es suficiente; aprendizaje, porque con la formación no es suficiente; legado, porque con el propósito no es suficiente. En una dinámica real en la que los CEO deben tener tres miradas en sincronía: mirada ejecutiva que permita dar resultados (día a día), mirada directiva que permita poner el futuro en la agenda del presente (innovación, adaptación) y mirada de liderazgo, hacer crecer a los demás en una visión compartida, sacar la mejor versión de cada miembro de un equipo.

Francisco Sánchez es alguien que combina una aproximación ingenieril, orden y solución de problemas, con una aproximación abierta a la innovación y a crear agendas impregnadas de sentido y no solamente llenas de reuniones. Su experiencia en Cherubini le convierte en uno de los altos directivos españoles más interesantes. Y, lo más importante, es capaz de esforzase (sin esfuerzo no pasa nada ni en la empresa ni cuando vas a correr) y de apasionarse. Los pasos que nos propone Francisco en su juego de sietes son pasos que requieren este contexto de esfuerzo y de pasión para alcanzar el próximo nivel, como empresas y como personas.

XAVIER MARCET
Consultor internacional en estrategia,
innovación y transformación empresarial.
Presidente de Lead To Change y de la
Barcelona Drucker Society

BONUS CEOx

El liderazgo empresarial es un camino desafiante, lleno de decisiones estratégicas, aprendizajes constantes y la necesidad de adaptación en un entorno en constante cambio. Para enriquecer este libro con experiencias reales, he tenido el privilegio de contar con la colaboración de siete CEO que han compartido su visión sobre el mundo de la gestión, la innovación y el liderazgo.

Desde sectores tan diversos como la alimentación, la automoción, la industria química, el retail óptico y el mobiliario, estos líderes han enfrentado retos únicos y han desarrollado estrategias que reflejan la diversidad de enfoques en la dirección empresarial. Sus historias nos ofrecen una mirada cercana a los desafíos, logros y aprendizajes que han marcado su trayectoria.

Agradezco sinceramente la participación de Rafa Juan (Vicky Foods), Erwin Rauhe (ex-CEO de BASF), Rubén Ordóñez (Strugal), Eduardo Jiménez (Alphacan), David Santiago Vicente (PCEX Group), Eva Ivars (Alain Afflelou) y Joaquín Berbegal (Actiu). Cada uno de ellos aporta una pieza clave a este capítulo, demostrando que no hay un único camino hacia el éxito, sino una variedad de rutas guiadas por la visión, la perseverancia y la capacidad de transformación.

BONUS CEOx 1/7

Rafa Juan
CEO de Vicky Foods

Ser CEO de Vicky Foods ha sido una de las responsabilidades que más ha llenado mi vida no solo a nivel profesional, sino también en el plano personal y familiar. Las motivaciones, los retos, los contactos personales y las lecciones aprendidas suponen una parte muy importante de mi bagaje y de mi propósito vital.

Siempre estaré muy agradecido, especialmente a mi madre, fundadora y líder, quien —durante más de cincuenta años— nos ha dejado un inmenso legado de liderazgo y valores; a mis hermanos, por su generosidad y confianza; a mi mujer y mis hijos, por su enorme dosis de paciencia, el tiempo y el cariño robados por una dedicación apasionada al proyecto; y a todas las personas que han colaborado con la empresa desde su fundación.

Ser CEO es una profesión solitaria, generadora de mucho estrés y conflictos, pero muy gratificante por los logros obtenidos y la posibilidad de ayudar a muchas personas desde una posición privilegiada.

Al mismo tiempo supone una enorme responsabilidad, especialmente cuando la empresa da empleo a cerca de 3000 personas y produce alimentos para muchos millones de consumidores. Para mí, son cinco las claves para completar con éxito esta carrera repleta de obstáculos:

- Equipo: tener el mejor talento y dotarlo de la formación adecuada. Poner siempre a las personas primero.
- Delegar: asumir que las cosas no saldrán como tú esperas, sino como el equipo decida, generando inteligencia colectiva.
- Tecnología: invertir en la necesaria, siempre a disposición del equipo.
- Innovación: como producto de talento y tecnología. Es la principal palanca de crecimiento de Vicky Foods.
- Propósito y valores: que sean claros, concretos y alineados con la cultura de la empresa.

BONUS CEOx 2/7

Erwin Rauhe
Ex-CEO de BASF Europa

De cero a CEO, pero en mi caso podría incluso decir más correctamente: «de bajo cero a CEO».

Entré en la empresa como un simple empleado administrativo y salí de ella cuarenta y tres años después como director general y presidente de la región Europa-Sur. ¿Qué significa esto para mí? ¿Cómo fue posible? Siempre he dicho que, si lo hice yo, cualquiera podría hacerlo. Aunque quizá deba admitir que la determinación y la voluntad, una visión estratégica, la abnegación e, incluso, un poco de arrogancia hicieron todo esto posible.

Por un lado, debo decir que completé mis estudios cursando la licenciatura en Economía y Comercio en horario nocturno, es decir, mientras trabajaba por el día. ¿Pesado? Ciertamente, sí y, sin duda, no fue fácil, pero con una enorme ventaja respecto a los estudiantes diurnos: yo veía en la empresa, al día siguiente, lo que había leído en los libros y discutido en clase el día anterior, o viceversa, estructurando, de manera clara, todos los aspectos empresariales que vivía diariamente en primera persona.

Por otro lado, un elemento fundamental fueron las experiencias internacionales, algo posible cuando se trabaja en una gran empresa multinacional. Pasé de ejercer en Italia, en el área administrativa, a trasladarme a Suiza, donde adquirí experiencia comercial, y luego a Alemania, en la sede central, con responsabilidades estratégicas en *marketing* y ventas. Finalmente, viví la experiencia en España, donde asumí por primera vez una responsabilidad integral como director general de la filial ibérica. Posteriormente, regresé a Italia y asumí la responsabilidad de toda la región del sur de Europa, desde Portugal hasta Israel. Decenas de empresas, cientos de instalaciones productivas y comerciales, pero, sobre todo, miles de personas sin las cuales no habría podido lograr nada. En este sentido, se podría decir que no pude dedicarle tanto tiempo como hubiera deseado a mi familia, como sí hice con muchos empleados, colaboradores y clientes, así como con todos los demás *stakeholders* que forman parte del universo de una empresa.

Y ¿qué decir de las experiencias en asociaciones (como Federchimica y Feique o la presidencia de la Cámara de Comercio Italoalemana)? Sin duda, fueron importantes para desarrollar esas habilidades políticas y de mediación. Sin embargo, hay algo que hasta hoy no he comprendido del todo y probablemente nunca lo haré: ¿por qué, de entre cien personas del área administrativa, me eligieron a mí para ofrecerme la oportunidad de hacer carrera? ¿Quién y qué vieron en mí cuando aún era absolutamente inexperto y estaba poco preparado?

Quisiera cerrar esta breve aportación con una última reflexión que es también un agradecimiento: he perdido mucho tiempo de calidad con mi familia, mis hijos y mi esposa, pero la experiencia que hemos vivido juntos —siempre me han seguido allí donde la empresa requería mi presencia— ha sido fundamental, tanto para tener un punto de apoyo y equilibrio como para poder dedicar los recursos necesarios a mi trabajo. Un trabajo que ha sido recompensado con las experiencias que he podido vivir y con la satisfacción que mi paso de cero a CEO me ha brindado.

BONUS CEOx 3/7

Rubén Ordóñez
Director general Strugal

Mi trayectoria en Strugal de cero a CEO ha estado siempre ligada a un conjunto de siete principios que aplico cada día con convicción:

1. Aprender y adaptarse: creo firmemente que el cambio es una constante y el aprendizaje es la clave para mantenerse relevante en un mundo dinámico.
2. Ser positivo, crítico y humilde: toma decisiones escuchando a tus colaboradores con actitud positiva. Fomentar discusiones apasionadas y constructivas llevará tus decisiones al siguiente nivel.
3. Compartir el mismo ADN: entrevisto personalmente a todas las personas que se incorporan a mi equipo, porque es vital que compartan el mismo ADN y valores que la empresa.
4. Dar ejemplo: siempre me he esforzado más que los demás. Hay que sembrar en el presente para recoger en el futuro.
5. Ser exigente: sé exigente contigo y con todo el que te rodea. No te conformes, busca la excelencia en lo que haces y la encontrarás.
6. Hacer que las cosas pasen: hay que ser prácticos y ejecutar. La teoría y la estrategia hay que tenerlas, pero nunca olvides que el camino se hace al andar.

7. Actuar rápido ante el error: los fracasos son inevitables, pero reaccionar con rapidez y determinación es lo que marca la diferencia con los demás.

BONUS CEOx 4/7

Eduardo Jiménez
CEO Alphacan

En 2020, a causa de la pandemia, la propiedad me propuso un cambio del departamento comercial export a la dirección general de la empresa. Esta nueva función me ha enseñado unas lecciones muy valiosas que resumo en siete puntos:

1. Visión estratégica y corto plazo: fija un objetivo a largo plazo de manera clara y concisa. El CEO debe garantizar que todas las personas en la organización conozcan este objetivo, y que sea compartido a todos los niveles. Además, es necesario atender los proyectos, objetivos y problemas cotidianos porque podrían convertirse en obstáculos que bloquean toda la organización.

2. Liderazgo: rodéate de los mejores. Inspira, motiva, delega y deja que las personas hagan su trabajo. El CEO muestra el camino a seguir, promueve un entorno de trabajo colaborativo y facilita ayuda a sus colaboradores.

3. Toma de decisiones: promueve la toma de decisiones rápidas, a todos los niveles en la organización. El CEO

«marca el ritmo» y el empoderamiento de los empleados es fundamental. El proceso decisional debe ser dinámico y compartido, y raramente se dispone de toda la información necesaria. Utiliza todas las herramientas a disposición para tomar decisiones que minimicen el riesgo de una decisión errónea.

4. Un CEO no nace, se hace: la formación, la educación, la trayectoria profesional y un conjunto de experiencias vitales lo convierten en el profesional que es hoy. Pero es necesario continuar a formarse, comunicar de manera efectiva y desarrollar una red de contactos útil.

5. Adaptabilidad: no tengas miedo a los cambios ni a las decisiones equivocadas. El CEO debe promover la flexibilidad de la organización para responder al entorno empresarial dinámico y competitivo actual. Si se afrontan situaciones adversas o se cometen fallos, es necesario saber soportar la presión, corregir el rumbo y pasar página rápidamente.

6. Resultados: los objetivos fijados por el CEO para la organización y a todos los niveles deben ser fácilmente cuantificables y objetivos. El uso de indicadores empresariales en todos los ámbitos, junto con la tecnología disponible hoy para recopilar, sintetizar y analizar información, nos proporciona un conocimiento detallado de la empresa y de su funcionamiento. La tecnología debe ser un vehículo útil para obtener resultados, por lo que es necesario estar al día con todos los avances que están por llegar.

7. Responsabilidad e integridad: trabaja siempre para dejar una empresa y un mundo mejor de lo que lo encontraste.

El CEO debe servir de ejemplo a todas las personas que forman la organización, debe asumir la responsabilidad por las decisiones y acciones de la empresa —no solo las suyas propias— y construir un clima de confianza dentro y fuera de la organización.

BONUS CEOx 5/7

David Santiago Vicente
CEO de PCEX Group

Cuando el trayecto aún no había comenzado, visualizaba que ya había llegado a mi destino. Aun no sabía que nunca se llega, solo se aprende y se disfruta del camino. Así llegué #deceroaceo.

Son muchos los factores que pueden hacer que consigas tus objetivos, pero puedo claramente identificar siete claves, que se convirtieron en mis compañeras de viaje. ¿Son claves del éxito? No lo garantizan, pero tengo claro que, si no hubiera contado con ellas, nada habría sido igual.

1. Establece el objetivo y mantén el foco: persistencia, consistencia y constancia van de la mano. Ninguna de ellas puede abandonarte.
2. Rodéate del mejor equipo, porque nada pasará si no cuentas con uno que te acompañe en el camino.

3. Trabaja tus conexiones y amplia tu círculo: sé generoso y muestra humildad a lo largo del camino.
4. Nunca te conformes: siempre se puede mejorar.
5. Nunca te rindas: siempre hay una salida.
6. Sin acción no hay reacción: abre la puerta, no sabes qué hay detrás.
7. Piensa a lo grande, pero crea un valor progresivo y escalable en función de tus ingresos. Cuida la tesorería. No sobredimensiones sin necesidad.

BONUS CEOx 6/7

Eva Ivars
Consejera Delegada de Alain Afflelou
España y Portugal

Vengo de una familia trabajadora donde el esfuerzo es la norma y la resiliencia, una necesidad. Descubrí desde niña que las oportunidades no se esperan, se crean. Mis raíces mediterráneas han sido el viento que ha impulsado mis velas, guiándome con determinación y pasión.

Este viaje de «cero a CEO» no ha sido una escalera perfecta, sino que ha estado repleto de desafíos inesperados y aprendizajes constantes, además de decisiones valientes. No tengo una fórmula mágica, pero sí las siguientes claves que me han ayudado a llegar hasta aquí (curiosamente en todas estas está presente la «V» de Ivars).

1. Visión a largo plazo y acción a corto plazo. Liderar es mirar lejos sin perder el aquí y el ahora. Hay que encontrar el equilibrio entre la estrategia a futuro y la ejecución del día a día para avanzar. Cambiar el reloj por una brújula significa no perderse en lo inmediato y entender que cada acción construye el mañana.

2. Valentía para marcar la diferencia. Atreverse a salir de la zona de confort, desafiar lo establecido y tomar decisiones con impacto, aunque no sean las más fáciles. Creo que la audacia intelectual de ir por delante es lo que convierte a un gestor en un líder, asumiendo que las oportunidades no vienen con garantías.

3. Vulnerabilidad y curiosidad constante. Reconocer que no lo sabes todo, que tienes que aprender cada día. Escuchar, cuestionar y rodearse de mentes brillantes es clave para evolucionar. La vulnerabilidad y el ser yo misma me ha permitido construir equipos resilientes que se adaptan a los cambios y al futuro.

4. Propósito vinculante. Siempre he buscado ayudar a construir empresas con alma, aportar más allá de los resultados, porque sin propósito no hay empresa sostenible en el tiempo. El reto para ser una empresa que deja huella, y no es sólo una máquina de facturar, es dar sentido a lo que hacemos en Alain Afflelou «conectamos a las personas con el mundo a través de los sentidos» yendo más allá de los números y los balances.

5. Resiliencia para volver a levantarse o *nunca tires la toalla*. Una vida, una carrera profesional, una empresa... nunca

son una línea recta, sino que conllevan obstáculos. Lo importante es la capacidad de seguir adelante. En mi camino he aprendido que, en cualquier posición de la organización (y de la vida) en que te encuentres, ocupar un lugar por ocuparlo, estar por estar, no es suficiente. Hay que conquistar nuestra posición con hechos y ganarlo con determinación sabiendo que caernos es parte del camino y que, por lo tanto, levantarnos es la única solución.

6. Vertebrar redes y gestionar talento. Si vas solo irás rápido, pero no llegarás lejos. El camino en solitario para mí no es una opción. He aprendido a navegar la doble complejidad: la del negocio y la de las personas. Gestionar mercados competitivos es un reto, pero gestionar talento lo es aún más. Sin un equipo comprometido, no hay estrategia que funcione porque las organizaciones más fuertes son las que trabajan con visión compartida y donde las personas sienten que contribuyen a algo más grande que ellas mismas.

7. Comunicar siendo visible y con transparencia. Un líder invisible no inspira. En la era digital, comunicar con autenticidad es más importante que nunca. LinkedIn y otras plataformas son el nuevo centro de poder corporativo, donde los CEO no solo informan, sino que conectan y generan influencia. Para mí la comunicación no es un accesorio, sino que es una herramienta de liderazgo. Ser claro, directo y transparente genera confianza y construye cultura. Porque un CEO que no comunica deja que otros cuenten por él su historia.

Cada uno tiene su propia historia, y este es el manifiesto que me ha ayudado a construir mi camino de cero a CEO.

BONUS CEOx 7/7

Joaquín Berbegal
CEO de Actiu

Pasar de cero a CEO ha sido mucho más que un cambio de cargo: ha sido un viaje de transformación, de aprender a tomar decisiones difíciles y de desafiar los límites, tanto propios como externos. No llegas solo, ni de la noche a la mañana. Se necesita visión, perseverancia y, sobre todo, confianza en las personas que te acompañan.

Mi historia en Actiu es la de alguien que comenzó desde la base, siendo consciente de la necesidad de aprender y con la determinación de construir. Primero en la división de sillería, luego en el área comercial y finalmente liderando una empresa familiar en plena evolución. Una compañía que, sin olvidar sus valores y raíces, quiere crecer y desarrollarse con una visión internacional, lo que requiere, sin duda, una evolución cultural. El camino ha estado lleno de retos: desde enfrentar momentos de crisis globales hasta abordar nuestra propia transformación digital. Creo que cada obstáculo nos ha enseñado dónde están nuestras fortalezas y dónde están las áreas de mejora, dándonos la oportunidad para reinventarnos.

Si tuviera que resumir las claves que me han llevado hasta aquí, serían estas:

- Visión y propósito. No se trata solo de liderar una empresa, sino de generar un impacto positivo en las personas y en el entorno. Cambiar de respuesta es evolución, cambiar de pregunta es revolución.
- Innovación constante. La única forma de avanzar es cuestionarlo todo y atreverse a hacer las cosas de manera diferente.
- Un equipo sólido. Nada grande se logra solo. La clave está en rodearse de talento, confiar y crecer juntos. Esto incluye a nuestro equipo interno y a nuestros colaboradores.
- Resiliencia y adaptación. Las crisis nos ponen a prueba, pero también nos dan la oportunidad de salir más fuertes.
- Sostenibilidad y legado. Construir una empresa no es solo pensar en hoy, sino en el mundo que dejaremos mañana con proyectos que promuevan cambios reales. Para esto, es importante humanizar siempre la relación con el cliente.

Ser CEO, en mi caso, no es una decisión ni un destino sino un camino en constante evolución.

Agradecimientos

Dicen que «es de bien nacidos ser agradecidos», y no podría estar más de acuerdo. Ser CEO implica reconocer que cada logro es el resultado del esfuerzo y la colaboración de muchas personas. Aquellos que creen en ti, que se suman a tu visión y asumen responsabilidades con valentía, son quienes hacen posibles los éxitos en el mundo de los negocios.

Agradezco profundamente a cada una de las personas que han formado parte de mis equipos en las empresas donde he tenido el privilegio de trabajar. Gracias por creer en mí, por celebrar juntos los triunfos y por aprender de cada desafío enfrentado.

Mi gratitud también va dirigida a todos los docentes que desde mis inicios han compartido su experiencia y conocimientos conmigo, tanto en la universidad como en los másteres y formaciones internacionales que han enriquecido mi carrera profesional durante estos treinta años.

A Salva Ochoa, mi más sincero agradecimiento. Ojalá estuvieras aquí para leer este libro. Gracias por confiar en mí cuando aún estaba en la universidad y por darme la oportunidad de iniciar mi carrera como ingeniero en Persax. Y a su primo, también Salva Ochoa, gracias por una amistad que perdura más de veinticinco años.

A mi querido amigo Salva Cerdán, gracias por ser una inspiración en el diseño y por invitarme a unirme a Soler en su expansión. Fue un honor contribuir a la automatización de la fabricación de doble acristalamiento térmico. A Pepi Piñero, gracias por presentarme a Francis Guillén, quien me brindó la oportunidad de crecer profesionalmente en la antigua Forjas del Vinalopó, hoy Grupo Internacional Gaviota, una de las experiencias más enriquecedoras de mi vida.

Y, cómo no, agradecer a Juan José Gil por todo lo que tuve la suerte de aprender a su lado durante mi etapa en Possum. Pero, sobre todo, por darme la oportunidad de conocer a Antonio Sánchez, alguien de quien se aprende solo con observarlo y escuchar cada una de sus palabras. Además, me desafió a dirigir una empresa de calzado para la marca Mezlan dentro del grupo internacional Pacific Shoe Corporation, con sede en Estados Unidos.

A Rubén Montesinos, gracias por ser mi compañero en esta aventura literaria, y tantas otras, y por sugerir el título de este libro.

Fernando Botella, gracias por ser mi mentor y sherpa durante tantos años, por ayudarme a traer el futuro al presente y motivarme a tomar decisiones valientes que han abierto puertas a experiencias increíbles. Tu prólogo es un regalo, y tu compañía en el camino es invaluable. Atento a lo que nos deparará el futuro.

A Xavier Marcet, gracias por confiar en mi autenticidad y por estar siempre presente con tu sabiduría e inspiración, transmitida de manera cercana y sencilla. Tu epílogo es una lección magistral de *management* humanista.

Gracias Álvaro González Alorda, por inspirarme con tu libro *Los próximos 30 años* y por ayudarme a ser mejor persona con tu mentorización PAD.

A la familia Cherubini, gracias por confiar en mí y permitirme escalar una realidad industrial con más de setenta años de historia. Ser empresario junto a vosotros es un honor.

A todos mis socios, mi agradecimiento por su amistad y profesionalidad.

Gracias a Erwin Rauhe, por su acompañamiento en este difícil camino de pasar de ser director general a ser *amministrattore delegato*. Una suerte teneros a ti y a Alessandro Minichilli en nuestro Consejo de Administración. Gracias a Pasquale Bresi por ponernos en contacto.

Y gracias a Jordi Nadal por la oportunidad de publicar este libro con Plataforma Editorial y por el trabajo dedicado en la edición de este manuscrito.

Gracias también a mis amig@s, con quienes comparto aficiones y aventuras en la montaña, en el mar y más allá.

A mis padres, gracias por enseñarme desde pequeño el valor del trabajo y la cultura del sacrificio, y por darme la oportunidad de cumplir mi sueño de ser ingeniero. Y gracias a toda mi familia, siempre me he sentido querido y, sobre todo, valorado por todos y cada uno de vosotros.

A mi esposa, mi compañera de vida durante más de treinta años, gracias por estar a mi lado en los buenos y malos momentos, por ayudarme a crecer, por unir a nuestra familia y, sobre todo, por Claudia y Alejandro. *Vi voglio bene.*

Si hay una palabra que define mi vida, es *gracias.* No por cortesía, sino porque cada experiencia y aprendizaje han sido un regalo.

Gracias, gracias, gracias.

Bibliografía

BARTLETT, S. (2023). *The Diary of a CEO: The 33 Laws of Business and Life*. Nueva York. Random House.

BENTON, D. A. (1999). *How to Think Like a CEO*. Nueva York. Warner Business Books

BOTELLA, F. (2016). *El factor H: Las claves reales sobre liderazgo*. Barcelona. Alienta Editorial

COLLINS, J. (2001). *Good to Great: Why Some Companies Make the Leap and Others Don't*. Nueva York. HarperCollins Publishers

DOTLICH, D. L. y CAIRO, P. C. (2003). *Why CEO Fail: The 11 Behaviors That Can Derail Your Climb to the Top-And How to Manage Them*. Nueva York. John Wiley & Sons

PRINCE, E. P. (2019). *7 Skills for the Future: Adaptability, Critical Thinking, Empathy, Integrity, Optimism, Being Proactive, Resilience*. Londres. Pearson.

PUIG, M. A. (2012). *Madera de líder*. Barcelona. Empresa Activa.

WATKINS, M. D. (2013). *First 90 Days*. Boston. Harvard Business Review Press

Su opinión es importante.
En futuras ediciones, estaremos encantados
de recoger sus comentarios sobre este libro.
Por favor, háganoslos llegar a través de nuestra web:

www.plataformaeditorial.com

Para adquirir nuestros títulos,
consulte con su librero habitual.

«I cannot live without books».
«No puedo vivir sin libros».
Thomas Jefferson

Desde 2013, Plataforma Editorial planta un árbol
por cada título publicado.